QUE LA FÊTE COMMENCE !

Vous aimez les livres de la série

mary-kate olsen **ashley** olsen
totalement **jumelles**

Écrivez-nous pour nous faire partager
votre enthousiasme :

Pocket Jeunesse - 12, avenue d'Italie - 75013 Paris

mary-kate olsen **ashley** olsen

totalement **jumelles**

Que la fête commence !

Une adaptation de Megan Stine
d'après la série télévisée créée
par Eric Cohen et Tonya Hurley
d'après le feuilleton écrit
par Michael Baser et Franck Dungan

Traduit de l'américain
par Christine Bouchareine

2e édition

POCKET
jeunesse

Titre original :
Instant boyfriend

Publié pour la première fois en 2002
par Harper Entertainment, États-Unis.

Loi n° 49-956 du 16 juillet 1949 sur les publications
destinées à la jeunesse : janvier 2004.

ISBN 2-266-13873-1

1

— Nous devons organiser une soirée dès cette semaine, si nous voulons donner un départ fulgurant à notre vie sociale ! déclara Chloé.

— Je suis d'accord, approuva Riley.

La rentrée scolaire avait eu lieu quelques semaines auparavant et les jumelles arrivaient à leur lycée. Riley retira son béret et secoua ses longs cheveux blonds qui lui tombaient sur les épaules. Chloé jeta son sac à dos sur les marches du hall d'entrée.

— J'ai déjà tout prévu : des tonnes de plats délicieux, des décorations et des bougies partout. Et on s'achètera une nouvelle tenue chacune…

— Moi, je voudrais un pantalon noir moulant pour aller avec mon pull bleu.

— Bonne idée ! Et, bien sûr, il faut qu'on trouve deux garçons sublimes à inviter.

— C'est le but de la soirée, non ?

— Absolument !

Chloé inspecta les élèves qui attendaient comme elles le début des cours. Elle aperçut Stephen Briggs et Jason Green, mais aucune trace de Travis Morgan, le seul qui l'intéressait en ce moment. Où était-il passé ?

— Je nous y vois déjà, poursuivit Riley. Ensuite on irait marcher sur la plage… au clair de lune… main dans la main avec un garçon… (Elle s'arrêta net.) Attends, on doit d'abord obtenir l'autorisation de maman.

— Simple formalité. On lui demandera ce soir.

Riley regarda sa sœur avec un petit sourire en coin.

— Alors, tu vas inviter Travis à notre fête ?

Chloé se mordit la lèvre.

— Ne me bouscule pas. Il faudrait déjà que j'arrive à lui dire autre chose que « Bonjour » avant de lui parler de la soirée.

— Une soirée ? Quelle soirée ? s'exclama Rebecca Ravitz en s'arrêtant près d'elles. Je suis invitée ?

— Oui, quelle soirée ? répéta Lauren Chambers, qui suivait Rebecca comme son ombre.

Chloé hésita une fraction de seconde. Était-ce raisonnable d'ébruiter l'affaire avant de savoir si leur mère était d'accord ? Surtout que Rebecca était incapable de garder un secret.

— Quelle soirée ? insista Lauren, qui ressemblait à un mannequin avec ses cheveux noirs très courts.

— On voudrait organiser une fête vendredi soir, expliqua Chloé, et vous êtes invitées, bien sûr. Mais…

— Cool !

Rebecca se tourna vers les élèves derrière elle.

— Attends !

Trop tard ! Rebecca et Lauren annonçaient déjà à tous qu'il y aurait une fête chez les Carlson.

— Aïe, aïe, aïe, soupira Riley. Et si jamais maman refuse ?

— Impossible.

Chloé regarda sa montre. La cloche allait sonner.

— C'est l'heure. Souhaite-moi bonne chance. J'espère croiser Travis. Son casier se trouve juste en face de la salle de Mlle Simmons.

— Bonne chance ! De toute façon ce n'est pas grave si tu le rates, tu le verras à la cafétéria, non ?

— Tu oublies qu'il est toujours avec Kyle et Cameron.

— Ohhh ! Je vois le problème.

« Tu m'étonnes, pensa Chloé. Jamais je n'oserai aborder Travis quand il est avec deux élèves de première aussi beaux que lui. »

— Tant pis, tu le verras à la sortie.

— Non, il est collé toute la semaine. Pour l'histoire de la moto.

Riley hocha la tête. Les élèves ne parlaient que de ça. Travis avait réussi, on ne sait comment, à rentrer en moto dans le hall du lycée. Chloé et ses amis avaient trouvé ça très drôle, d'autant plus qu'il avait prétendu que c'était pour ne pas arriver en retard en cours. Le proviseur adjoint, lui, n'avait pas apprécié son humour.

— Alors, ta seule chance de le voir, c'est la troisième heure ?

— En gros, oui.

— Quelle galère !

— Ne m'en parle pas. Et les rares fois où je le croise, je ne suis pas fichue de dire un mot.

La cloche retentit et Chloé se dirigea vers sa classe. Incapable de fixer son attention, elle passa tout le cours à scruter la pendule et à rêvasser. Enfin, à l'interclasse, elle put se précipiter vers la salle de Mlle Simmons, où elle resta devant la porte à surveiller le casier de Travis.

Quinn Reyes, l'une de ses meilleures amies, vint la rejoindre.

— Salut, Chloé ! Ça te plairait de participer à la sélection des pom-pom girls avec moi, dans quinze jours ?

— On en parlera plus tard, d'accord ? J'attends qui tu sais.

Quinn eut un sourire entendu.

— OK. Pas de problème. À plus !

Chloé jeta un coup d'œil à sa montre. La cloche sonnerait d'une seconde à l'autre. Où était-il ? Peut-être était-il malade ?

Tara Jordan, une autre de ses amies, entrait en classe.

— Tu viens ? C'est l'heure.

— J'arrive.

Au moment où elle s'asseyait, la cloche sonna. Tandis que Mlle Simmons écrivait au tableau les chapitres à lire pour le prochain cours d'histoire, Chloé surveillait le casier de Travis par la porte vitrée.

— Vous avez bien noté ? Nous consacrerons les quinze jours à venir à un travail de recherche que vous effectuerez par équipe de deux.

Deux. Le cœur de Chloé se serra. Le chiffre magique. Deux comme Chloé + Travis. L'équipe idéale pour vendredi soir.

Comme par miracle, au même moment, Travis apparut dans sa ligne de mire. Elle le vit courir vers son casier et composer rapidement le code. Encore en retard. Fidèle à ses habitudes.

Mlle Simmons donnait la liste des groupes :

— Justin et Annabelle. Marco et Brittany… Dylan et Tara…

« Chloé et Travis », continua mentalement Chloé.

Elle griffonna les mots « Chloé et Travis » sur son agenda et les entoura d'un cœur. Puis elle ferma les yeux en imaginant qu'il l'embrassait.

— Chloé et Amanda, annonça Mlle Simmons.

— Hein ? s'écria Chloé.

— Chloé et Amanda, répéta son professeur, sourcils froncés.

Chloé rougit et regarda Amanda.

Arrivée de San Francisco un an auparavant, Amanda était tellement timide qu'elle ne s'était pas fait beaucoup d'amis. Chloé se retrouvait souvent à sa table à la cafétéria, lorsque ses amies ne mangeaient pas à la même heure. Mais elles se parlaient peu.

« Elle a pourtant l'air sympa, songea Chloé. Et si elle s'attachait les cheveux pour dégager son visage et se maquillait un peu, elle serait super jolie. »

Mlle Simmons expliquait ce qu'elle attendait de ses élèves et Chloé dut se montrer plus attentive.

Pendant une demi-heure, elle essaya de se concentrer sur la leçon, sans cesser de griffonner les mots « soirée », « Travis » et « promenade au clair de lune » sur son cahier.

La cloche sonna enfin. Chloé se leva d'un bond, avec l'espoir que Travis reviendrait à son casier. À la simple idée de lui parler, elle avait déjà le cœur qui battait la chamade.

Elle sortit dans le couloir et attendit. Viendrait-il ? Il n'avait peut-être besoin de rien pour le cours suivant.

C'est alors qu'elle l'aperçut. Il déambulait en plein milieu du couloir, comme si le monde lui appartenait. Il obliqua vers son casier.

« À moi de jouer ! » Chloé prit une profonde inspiration, et s'avança vers lui avec un grand sourire. Plus que quelques pas et…

Soudain, son pied droit se tordit dans sa chaussure à semelle compensée et elle s'affala contre une rangée de casiers en poussant un cri.

Travis se précipita vers elle.

— Ça va ?

Elle plongea son regard dans ses grands yeux marron et se sentit devenir écarlate

— Euh… euh… p'est-ce qui s'est cassé… euh… pardon… Que se sape-t-il ? Euh…

« Mais que quelqu'un me fasse taire, bon sang ! » pensa-t-elle, affolée.

Travis éclata de rire.

— C'est plutôt moi qui devrais te poser cette question.

Chloé vira du rouge au violet. Les mots d'une syllabe étaient encore trop longs pour elle.

— Euh, je voulais juste, euh…

Quelqu'un lui tapa sur l'épaule. Elle tourna la tête et reconnut le proviseur adjoint, M. Connor.

— Mademoiselle Carlson, j'ai une excellente nouvelle à vous annoncer. Grâce à votre active participation à notre projet d'embellissement du lycée et aux cours de soutien en algèbre que vous donnez à vos camarades, vous venez d'être nommée l'Élève la plus méritante du mois, pour la seconde fois d'affilée.

Chloé se força à sourire.

— Oh ! Merci beaucoup, monsieur Connor.

— Passez à mon bureau avant le déjeuner, je vous remettrai votre certificat.

— Oui, monsieur.

Elle se tourna vers Travis, que cet exploit ne devait pas faire particulièrement vibrer, mais elle était décidée à rester positive.

— À plus tard, élève méritante ! dit-il en riant.

Il referma son casier et s'éloigna.

Comment oserait-elle jamais l'inviter à sa soirée après une humiliation pareille ?

Ce n'était pas sa faute si elle était quelqu'un de responsable et si elle aimait aider ses semblables !

2

— Tout va mal, soupira Chloé lorsqu'elle rattrapa sa sœur dans le couloir, quelques minutes plus tard.

— Qu'est-ce qui t'arrive ? Tu as vu une fille qui portait les mêmes chaussures que les tiennes ?

— Pire que ça. Je suis encore l'élève la plus méritante du mois. Et Travis était là lorsque M. Connor me l'a annoncé.

— Où est le problème ?

Chloé leva les yeux au ciel.

— Riley, ce titre récompense la ponctualité, la participation en classe et le travail. Si je continue comme ça, je finirai par avoir mauvaise réputation !

— Oh, je vois déjà le graffiti dans les toilettes des garçons : « Des conseils pour devenir un élève modèle ? Composez le 3615 Chloé. »

— Ha, ha, très drôle ! Tiens, au lieu d'aller en étude, si tu venais manger avec moi afin de me remonter le moral ?

— Ça tombe bien. On en profitera pour parler de la soirée.

Elles se dirigèrent vers la cafétéria, s'achetèrent de quoi manger et s'installèrent à une table.

La tête rentrée dans les épaules, Chloé but lentement sa limonade.

— Pfff ! Élève la plus méritante ! marmonna-t-elle.

— Secoue-toi ! Ce n'est pas grave ! Je suis sûre que Travis a déjà oublié.

— Tu crois ?

— Mais oui. Si on parlait plutôt de nos projets ?

Mais, avant que Chloé ait pu répondre, la voix de M. Connor retentit dans le haut-parleur.

— Votre attention, s'il vous plaît ! Je voudrais que vous applaudissiez tous Chloé Carlson qui, une fois encore, a remporté le titre de l'Élève la plus méritante du mois !

De la table d'à côté s'élevèrent des huées.

Chloé aurait voulu disparaître sous terre. Travis ne semblait pas être le seul à trouver ça nul.

— J'espère que l'exemple de Chloé saura vous inspirer, continua M. Connor.

La moitié de la cafétéria explosa de rire.

— Oh, gémit Chloé, le visage caché dans ses mains. J'ai l'impression de me retrouver au CM2 !

— Ne fais pas attention.

Chloé écarta les doigts et examina les tables autour d'elle.

— Oh, non ! Travis mange dedans ou dehors, aujourd'hui ? Tu crois qu'il a entendu l'annonce ? Et qu'il a vu tout le monde se moquer de moi ? Qu'est-ce qu'il fait ?

— Il est assis à l'intérieur avec Kyle et Cameron. Ils sont pliés en deux. Oups ! Ne bouge pas, Travis te regarde. Oui, je crois qu'ils parlent de toi.

— Tais-toi !

— Il ne fallait pas me poser la question... Raconte-moi plutôt ce qui s'est passé après le cours d'histoire. Tu as vu Travis ? Tu l'as invité ?

Chloé secoua la tête et mordit dans son taco.

— Non. Quand il a entendu ce que M. Connor me disait, il a éclaté de rire et il est parti.

— Avoue que c'était drôle, non ?

— Ce n'est pas ma faute si je suis sérieuse et consciencieuse.

— N'empêche, regarde la vérité en face, Chloé. Travis et toi, vous n'avez pas grand-chose en commun. Tu es une bonne élève alors qu'il passe tout son temps en retenue…

— Justement, c'est pour ça que je le trouve si… si… séduisant ! Tu ne sais pas que les extrêmes s'attirent ? Et il ne fait rien de grave, quand même. On le punit parce qu'il arrive en retard et qu'il aime s'amuser.

— Je sais ce que je dis : vous n'êtes pas faits l'un pour l'autre.

— Peut-être. Mais le pire, c'est qu'il ignore même mon existence.

— Tu ne changeras jamais. Tu cours toujours après des garçons qui ne s'intéressent pas à toi.

— Moi ? Tu peux parler. Tu tombes toujours amoureuse des chanteurs de rock ou des stars de cinéma.

— C'est différent. Je me contente de rêver. Tandis que toi, tu cours après des garçons bien réels qui ne sont vraiment pas ton genre. Et je ne vois pas comment tu pourrais attirer l'attention de Travis. À moins que tu n'ailles en retenue, toi aussi.

Le regard de Chloé s'alluma.

— En retenue ? Ça me permettrait de passer une heure par jour avec lui !

— Je plaisantais !

— Attends ! C'est une excellente idée. Ça peut très bien marcher.

— Ce qu'on ne fait pas par amour !

Chloé réfléchissait à la façon dont elle allait s'y prendre.

— Félicitations ! dit gentiment une voix derrière elle.

Chloé se retourna. Amanda lui adressa un drôle de petit sourire mi-figue, mi-raisin. Comme si elle savait que cette récompense était nulle, mais qu'il était agréable d'être appréciée, même pour des futilités.

Chloé lui rendit son sourire.

— Merci, Amanda.

— Tu veux venir chez moi, cet après-midi ? Nous pourrions commencer nos recherches en histoire.

Au même moment, Sarah Pomeroy, Sierra pour les intimes, arriva en trombe et se laissa tomber sur le banc.

— Salut, les filles. Quoi de neuf? Je peux m'asseoir avec vous ?

Sierra était surtout l'amie de Riley, mais Chloé l'aimait bien. C'était une fille aussi drôle que délurée. Hélas, elle avait des parents très conservateurs, ce qui la forçait à mener une double vie. Violoniste et élève studieuse sous le nom de Sarah, elle jouait de la guitare basse et chantait dans un groupe de rock, sous le nom de Sierra. Passant, selon le personnage qu'elle interprétait, de la jupe plissée au jean moulant et vice versa.

— Tu es sûre que tu veux être vue avec l'élève la plus méritante du mois ? soupira Chloé.

— Je pensais que si tu étais aussi gentille qu'on le prétend, tu partagerais ton brownie avec moi.

— Prends-le en entier. Je suis trop déprimée pour manger.

Sierra s'empara aussitôt du gâteau.

— Tu n'as pas cours de littérature ? s'enquit Chloé.

— Je devais aller à la bibliothèque, mais j'avais trop faim. Alors, que se passe-t-il ?

— On voudrait faire une fête, vendredi soir, répondit Riley.

— Tu es invitée, bien sûr, s'empressa d'ajouter Chloé. Et toi aussi, Amanda.

— Seulement, notre mère n'est pas encore au courant et on espère qu'elle acceptera.

— Il le faut. Tout le monde est informé. À propos, j'ai invité Tara et Quinn.

— Bon, on dit que c'est sûr. Mais pour l'instant Chloé n'a pas encore eu le courage d'en parler au garçon qui lui plaît. Et je n'ai personne, moi non plus. Je dois trouver un cavalier. D'où cette fête, d'ailleurs.

Soudain, elle sentit deux mains se plaquer sur ses yeux.

— Hé ! Attention !

— Qui c'est ? demanda une voix mâle.

Il n'existait qu'un garçon qui passait sa vie à lui courir après. À la suivre comme un chien. À surgir chez elle à n'importe quelle heure du jour et de la nuit.

Larry Slotnik.

Larry, leur idiot de voisin. Larry, si éperdument amoureux de Riley qu'il collectionnait ses pots de yaourts vides !

— Arrête, tu me fais mal, Larry ! protesta Riley.

— Comment t'as deviné ?

Riley leva les yeux au ciel.

Sierra éclata de rire.

— Alors, Chloé, c'est d'accord pour cet après-midi ? insista Amanda.

« Autant se débarrasser de cet exposé tout de suite, surtout si je dois rester en retenue le lendemain », songea Chloé.

— Oui, oui… c'est d'accord. Mais si on parlait plutôt de la soirée de vendredi.

Riley se retourna alors vers Larry.

— C'est une conversation entre filles. Alors, on se verra plus tard, okay ?

— Oui. Quand ça ?

— Plus tard ! répéta Riley d'un ton gentil mais ferme.

Elle poussa un soupir de soulagement quand il s'éloigna enfin.

— Revenons à nos moutons. Qui doit-on inviter, à votre avis ?

— Si tu nous disais d'abord quel genre de garçon tu cherches ? répondit Sierra.

— Je voudrais qu'il soit sympa et drôle. En tout cas, pas le genre « Daniel Pitowsky ».

— Qui est-ce ? s'enquit Amanda.

Chloé se tourna vers elle, surprise mais contente qu'elle se joigne à la conversation. Elle n'était peut-être pas si timide que ça, en fin de compte.

— C'est un garçon que je connaissais au collège. Il est dans une école privée, maintenant. Il m'a invitée au ciné, la semaine dernière. Quelle horreur ! J'ai passé la plus mauvaise soirée de ma vie.

— Je vois qui c'est, dit Sierra. Un vrai débile.

— Que s'est-il passé ? demanda encore Amanda.

— Au cinéma, il a retrouvé des copains et ne m'a même plus adressé la parole. Et quand il s'est acheté du pop-corn il ne m'en a pas offert un seul !

— Ça me paraît difficile de trouver pire, remarqua Chloé.

— Je veux juste un garçon attentionné, qui ait envie de me parler. Et qui soit amusant aussi.

Sierra termina son premier brownie, se frotta les paumes et regarda Riley droit dans les yeux.

— Écoute, je connais un garçon qui correspond à ta description.

— C'est vrai ? Qui ça ?

Sierra soupira.

— C'est un amour. Il te raccompagnera chez toi, il portera tes livres… et je suis sûre qu'il te fera rire. En plus, je crois qu'il est amoureux de toi.

— Tu plaisantes ! Comment s'appelle-t-il ?

— Euh… j'hésite. Tu es vraiment ouverte à toutes les suggestions ?

— Mais oui ! Je suis prête à lui tomber dans les bras ! Alors, qui est-ce ?

3

Riley faillit craquer. Si Sierra connaissait le garçon idéal, qu'attendait-elle pour crier son nom ?

— C'est Larry ! lâcha enfin Sierra, excédée que Riley n'ait pas trouvé.

— Larry ! Tu rigoles ? C'est mon pire cauchemar.

— Tu as tort. D'accord, je sais ce que tu lui reproches. Il te suit comme un toutou, c'est le roi de la gaffe et tu le connais depuis la crèche. Et c'est pour ça que tu ne le vois même pas. Moi, je le trouve très intéressant.

— Quoi ! Il est nul !

— Arrête, protesta Chloé, tu le sous-estimes.

— Bon, peut-être, mais il n'a rien du petit ami idéal !

— Pourquoi ? Écoute, il est fou de toi, et si tu lui donnes une petite chance il te vénérera comme une princesse. Et puis, réfléchis, si ça marche, tu auras un petit ami tout trouvé !

Un petit ami ! Avec la soirée en perspective, cette idée plut à Riley. Sierra avait raison. Larry avait sans doute de grandes qualités. Pourtant, aucune ne lui sautait aux yeux !

— Essaye, tu verras bien, ajouta Sierra.

Riley ne voulait rien promettre. Larry était gentil, mais beaucoup trop imprévisible. D'un autre côté, si Sierra le trouvait sympa... peut-être qu'elle le jugeait mal.

— J'y réfléchirai, promit-elle du bout des lèvres.

— À quelle heure commence votre fête ? demanda Amanda.

— Nous n'avons pas encore réglé tous les détails, répondit Riley.

— Oui, des détails comme la permission de maman, le choix de la décoration, l'achat de la nourriture, et ce qu'on portera... marmonna Chloé. Et il ne reste que cinq jours !

Riley se leva pour ranger son plateau et vit venir à elle une fille qu'elle connaissait à peine.

— Alors, il paraît que vous donnez une soirée ? Génial ! On vient à quelle heure ?

Décidément, les nouvelles allaient vite !

— Euh, on ne sait pas encore. Je te le préciserai demain.

— OK. J'en ai déjà parlé à Natalie, à Kevin et à Kyle. À plus !

Et, sans lui laisser le temps de répondre, la fille retourna vers sa bande de copains. Riley lui courut après, mais en s'approchant elle entendit qu'ils parlaient de la soirée. Elle obliqua vers la sortie.

Elle n'avait plus qu'à espérer que leur mère leur donnerait la permission. Une tonne de gens était déjà au courant. Ce serait difficile de les décommander.

Riley se dirigea vers son casier et fit tourner les mollettes de sa serrure en marmonnant la combinaison.

— Un… trois… huit… je ne me souviendrai jamais de ces satanés chiffres.

— Deux, deux, souffla une voix de l'intérieur de son casier.

Elle poussa un cri et se dépêcha de finir de composer le code. Elle connaissait cette voix. Elle ouvrit la porte à toute volée. Larry lui souriait, plié en quatre.

— Salut ! lança-t-il joyeusement.

— Larry, qu'est-ce que tu fiches dans mon casier ?

— Je voulais t'annoncer une excellente nouvelle.

— Laisse-moi deviner. Tu retournes sur ta planète ?

Il secoua la tête sans cesser de sourire, frémissant d'impatience.

— Nous, c'est-à-dire toi et moi, sommes voisins en biologie !

— Nooon !

— Pas de panique ! On aura juste à disséquer une grenouille ensemble. Tu ne trouves pas ça génial ?

Riley se souvint de la remarque de Sierra. Elle devait lui donner une chance.

— Si, c'est cool. Bon, on ferait mieux d'y aller, voisin. Le cours va commencer.

— Oui, y a juste un petit problème.

— Lequel ?

— Je suis coincé.

Ça commençait bien ! Quel petit ami idéal ! Il fallait le déloger de son casier avec une barre à mine !

Elle lui prit la main et tira. Il ne fit même pas la grimace lorsque son épaule s'écorcha contre la serrure. Au moins il n'était pas douillet.

Comme Sierra l'avait prédit, il porta ses livres jusqu'à la classe.

— Après toi, dit-il, avant de s'effacer devant elle sur le seuil du labo, en parfait gentleman.

Riley s'assit au fond de la salle et Larry s'installa à côté d'elle. Pendant les cinquante minutes qui suivirent, il ne fit aucune gaffe, aucune bêtise.

— Tu veux un bonbon à la menthe ? lui proposa-t-il, une fois le cours terminé.

C'était gentil. Étonnant mais gentil. Qui sait ? Sierra avait peut-être raison. Riley prit une pastille dans la boîte qu'il lui tendait.

— Merci. Dis, puisque nous sommes ensemble pour les travaux pratiques, tu veux venir chez moi, ce soir, après les cours ? On pourrait travailler ensemble.

— Ensemble ? répéta Larry qui faillit en tomber de sa chaise. T'es sérieuse ? Toi et moi ?

— Pas de panique ! Ça n'a rien d'extraordinaire.

— D'accord, d'accord. Je me calme. Ça me plairait beaucoup, mais ce soir c'est impossible ! Je vais chez le dentiste.

— Oh !

Étrange ! C'était lui qui refusait et elle qui était déçue.

— Et je ne peux pas annuler, mon appareil s'est cassé. Je m'en suis servi comme palet de hockey.

— Mais c'est dégoûtant !

— Tu veux que je te le montre ?

Il plongeait déjà la main dans sa poche.

— Non ! Ça ira. On se verra un autre jour.

— Demain, alors ?

— D'accord, si tu veux. À demain !

Elle partit avec le triste pressentiment que donner une chance à Larry ne lui attirerait que des ennuis, quoi qu'en dise Sierra.

4

— C'est chouette ici ! J'adore !

Chloé posa son sac pour mieux admirer la chambre d'Amanda.

Amanda n'habitait pas en bord de mer, contrairement à Chloé, mais dans un quartier boisé, entouré de grands séquoias. Tous les parquets étaient en pin. La fenêtre de sa grande chambre donnait sur les arbres.

— Oui, on est plutôt tranquilles, ici.

— C'est toi qui as choisi la décoration ?

— Oui. Ma mère m'a aidée un peu. J'aurais aimé avoir plusieurs chambres à arranger.

— Moi aussi. J'y ai cru quand mes parents se sont séparés. Mais mon père s'est installé dans un mobile home, sur la côte.

— Et alors ? C'est sympa !

— Oui, sauf que nous n'avons pas de chambre là-bas. Bon, on a quand même fait des merveilles avec le canapé-lit !

Amanda éclata de rire et alluma son ordinateur.

— On fait nos recherches sur Internet ?

— Oui, super !

Chloé se laissa tomber à plat ventre sur le grand lit.

— On doit travailler sur quoi, déjà ?

— Les origines de la Boston Tea Party, lui rappela Chloé avec un gros soupir. Pas de chance de tomber sur un sujet pareil !

— Ça oui, je ne bois que du café.

Chloé à son tour éclata de rire. Elle constatait qu'Amanda se sentait plus à l'aise chez elle, sur son territoire. En tout cas, Chloé était ravie de mieux la connaître.

Amanda se connecta et lança leur recherche. Autant lire en attendant. Chloé sortit son livre d'histoire.

Amanda se retourna et aperçut un magazine de mode qui dépassait de son sac.

— C'est le *Cosmo* de ce mois-ci ? Je peux le voir ?

Chloé le lui tendit.

— La mode de cette saison ressemble à celle de l'an dernier, en plus coloré, soupira Amanda. J'aimerais bien que ça change un peu.

— Oui, moi aussi. Mais il y a quand même quelques modèles qui me plaisent, comme celui-là, ajouta Chloé, le doigt pointé sur un mannequin qui portait un pull orange avec des manches évasées. Je suis sûre que ça t'irait super bien.

— Peut-être.

Amanda tourna la page.

— Hé, regarde ça ! s'écria Chloé.

Une double page était consacrée aux nouvelles coiffures. Une fille, qui ressemblait à Amanda, arborait des nattes tout autour de la tête.

— C'est joli, reconnut Amanda.

— Tu serais géniale, coiffée comme ça. Tu veux que j'essaye ?

— Pourquoi pas ? On ne peut rien faire avec cet ordinateur qui rame !

Chloé attrapa une brosse et entreprit de diviser la chevelure d'Amanda en petites mèches.

— Depuis quand habites-tu ici ?

— Un peu plus d'un an. Avant, je vivais à San Francisco et, de chez moi, on voyait la mer de presque toutes les fenêtres. Alors ici, tu parles d'un dépaysement !

Ça ne devait pas être facile de déménager et de laisser ses amis derrière soi, surtout avant l'entrée au lycée, pensa Chloé.

« Vous avez un message », annonça l'ordinateur.

— Attends. Ce sont justement mes amis de là-bas qui m'écrivent.

— Tu veux que je m'en aille ? Je te laisse lire tranquillement ?

— Non, reste.

Chloé continua à séparer les mèches selon les instructions du magazine. Elle voyait l'écran par-dessus l'épaule d'Amanda.

— Oh ! Regarde ! Mon amie Molly m'envoie une photo de Jason !

Chloé se pencha. Un garçon vraiment très mignon leur souriait. Il avait les cheveux décolorés par le soleil, comme Travis.

— C'est ton petit copain ?

— Non, mon meilleur ami, corrigea Amanda en rougissant.

— Il est carrément sublime, dit Chloé qui pensait plus à Travis qu'au garçon sur la photo.

— Oui, il ressemble à ce type qui est entré dans le hall en moto, l'autre jour. Comment s'appelle-t-il ? Il est tout le temps collé.

Chloé hésitait à lui dire qu'elle était amoureuse de lui. Amanda la devança.

— Il t'intéresse, non? dit-elle en se retournant pour l'observer.

— Comment tu le sais?

— Je t'ai vue t'affaler sur les casiers, tout à l'heure, après les cours. Tu as l'air dingue de lui.

Chloé hocha la tête.

— Il s'appelle Travis. Et il me plaît tellement que je n'arrive plus à aligner deux mots dès qu'il est dans les parages.

— Ni deux pas, à ce que j'ai vu. Qu'est-ce qui te plaît en lui?

C'était une question importante. Qu'aimait-elle en Travis?

— Je le trouve original, différent. C'est vrai, il a souvent des ennuis, mais il n'est pas méchant. Il n'arrive pas à se faire aux règlements idiots du lycée.

— Je comprends, acquiesça Amanda.

Chloé trouvait soudain très chouette d'avoir une amie avec qui elle pouvait parler sérieusement.

— Et tu comptes l'inviter à ta fête?

Chloé se laissa tomber sur le lit.

— C'est bien ça, le problème! Je ne sais pas comment l'aborder. Il ignore totalement mon existence ! Alors voilà, ajouta-t-elle, j'ai décidé, moi aussi, de me faire coller. Comme ça, il sera bien forcé de me remarquer. Qu'en penses-tu ?

— Je pense que ce n'est pas ton style.

— Et alors ? Je peux changer. Je n'ai pas le choix. Je ferai n'importe quoi pour attirer son attention.

Amanda ne semblait pas l'approuver.

— Tu devrais rester toi-même, crois-moi.

— Ça ne suffira pas. Il faut que je fasse quelque chose qui nous mette à égalité. Qu'on soit sur le même terrain, si tu vois ce que je veux dire.

Amanda haussa les épaules.

— Tu as tort. Comment comptes-tu y arriver ?

— Je ne sais pas. J'avais pensé amener ma petite chienne au lycée. Mais j'ai peur d'être seulement ridicule.

— Oui, plutôt. Et tu ne te feras pas coller pour ça. Au pire, on te renverra chez toi. Il faut trouver mieux. Par exemple, mettre du poivre en cachette dans les plats de la cafétéria.

— Et si j'en glissais juste dans le café de M. Connor ? Il paraît que c'est un zombie le matin, avant son petit déjeuner. Ça devrait le réveiller !

— Bonne idée, mais comment saura-t-il que c'est toi ?

— Tu as raison. Et si je couvrais sa voiture d'inscriptions à la crème à raser ? Non, c'est pareil, comment lui faire comprendre que ça vient de moi ?

— À ton écriture ? C'est vrai, quoi ! Tu écris très bien, comme toute élève méritante.

Chloé leva les yeux au ciel.

— Arrête. Tu ne m'aides pas. Je dois trouver un truc vraiment grave. Quand Travis me demandera pourquoi je suis punie, je veux l'épater !

— Alors, tu n'as qu'à débarquer au lycée avec une veste en cuir, couverte de chaînes, et dévaliser les voitures sur le parking.

— Je souhaite seulement une ou deux heures de retenue, pas dix ans de prison !

— Donc, reviens à ma première proposition et reste toi-même.

— Pas question. Je dois me faire coller. Sans que ce soit trop grave…

— Toi, tu as une idée !

— Je viens juste d'y penser. Ce n'est pas nouveau comme blague, mais ça marche à tous les coups.

5

— Ma pauvre ! la taquina Sierra. Ton rendez-vous avec Larry est tombé à l'eau. Quelle malchance !

Riley et Sierra quittaient la petite rue pavée pour entrer dans le jardin d'une grande maison blanche.

— Chut ! Je ne crois pas que ça puisse marcher avec Larry, alors je préfère ne pas en parler.

Sierra frappa à la porte d'Alex, le guitariste de leur groupe. Sierra avait invité Riley à assister à leur répétition.

— Entrez, dit la mère d'Alex en leur ouvrant la porte. Ils sont en bas.

Au sous-sol, Riley s'installa sur un canapé et posa les pieds sur la vieille table basse pendant que Sierra laissait tomber ses affaires par terre.

— Sierra, écoute ça ! dit Alex tandis qu'elle branchait sa guitare basse et son ampli. Un, deux ! Un, deux, trois, quatre ! compta-t-il, et il se lança dans une chanson triste mais rythmée. Il fredonna le premier couplet.

Ne laisse pas la nuit s'enfuir,
N'attends pas que le soleil brille,
N'la laisse pas te faire souffrir,
Ne t'abaisse pas à lui mentir…

C'était plutôt bon !

Riley contempla Alex qui chantait les yeux mi-clos, se balançant d'avant en arrière.

Pourquoi ne l'avait-elle pas remarqué plus tôt ? Parce qu'il était trop tranquille. En tout cas, il paraissait nettement plus posé que les autres.

Ils étaient quatre, dans le groupe : Sierra, Alex, Marta et Saul. Josh, un autre chanteur, aurait bien aimé se joindre à eux, mais Sierra lui avait confié qu'ils hésitaient.

Riley observa les musiciens, un par un, et se remémora ce que Sierra lui avait dit à leur sujet.

Saul était un pitre. Grand fan de Cartoon Network, il les interrompait sans cesse pour raconter le dernier dessin animé qu'il avait regardé.

Marta était au synthé et parfois elle mixait des disques quand ils passaient au hip-hop. Elle n'était pas là aujourd'hui. Sierra avait laissé entendre qu'il ne fallait pas trop compter sur elle pour les répétitions.

Josh n'arrêtait pas de dire aux autres comment jouer de leur instrument. Il se prenait très au sérieux, comme s'il était le chef. Quel culot, alors qu'il ne faisait même pas partie du groupe !

Et, pour finir, il y avait Alex. Alex avec ses cheveux blond cendré qui cachaient de grands yeux bruns.

Elle le dévisagea. Il parlait à Saul du morceau qu'ils travaillaient.

— Il faudrait un peu plus de batterie dans l'intro. Tu devrais peut-être marquer davantage le premier et le troisième temps, non ? On réessaie ?

En fait, c'était lui, le leader du groupe. Mais il était si discret que personne ne s'en apercevait.

Au moment de donner le rythme, il tourna les yeux vers Riley. Un bref instant, leurs regards se croisèrent et il lui fit presque un sourire.

Riley sentit les battements de son cœur s'accélérer.

— Cette chanson est dédiée à tous nos fans qui sont dans la salle, plaisanta-t-il.

Puis il reprit le même morceau, les yeux clos.

Riley ne pouvait détacher son regard de lui. Lorsqu'elle se détourna enfin, elle vit que Sierra l'observait. Elle devait avoir remarqué qu'il lui plaisait. Et Larry ? devait-elle penser. Hélas, Riley savait que cela ne marcherait jamais entre eux deux. Larry n'était qu'un ami. Voilà pourquoi elle irait travailler avec lui comme promis, le lendemain : elle ne voulait surtout pas lui faire de peine.

Alex plaqua deux accords plus appuyés ; le morceau était terminé.

— Bon, y a encore du boulot, trancha Sierra. Mais ça sera un tube quand on l'aura mis au point.

— Oui, renchérit Josh avant de se pencher vers Alex. Sauf que la prochaine fois, mec, chante avec tes tripes. Donne-toi à fond.

— Je crois qu'on a bien mérité de faire une petite pause et de grignoter quelque chose, déclara Saul qui laissa tomber ses baguettes pour se précipiter vers le réfrigérateur.

Riley alla boire, elle aussi.

— C'était génial ! dit-elle.

— Ça t'a plu? demanda timidement Alex.

— J'ai trouvé ça vraiment bien.

— Je ne sais pas. J'ai l'impression qu'il manque un truc. (Il cessa brusquement de caresser les cordes de sa guitare et leva les yeux vers elle.) Tu n'aurais pas une idée?

Riley sourit. La draguait-il? Si c'était le cas, elle n'avait rien contre!

— Et que dirais-tu d'un peu de *kazou* à la fin? plaisanta-t-elle.

— Pourquoi pas? Mais j'hésite. Tous les groupes de Malibu en mettent. Si on en reparlait sérieusement?

— Bien sûr, répondit-elle.

— Demain, après les cours, ça t'irait? On pourrait se retrouver au *California Dream*, et travailler là-dessus en mangeant une glace?

Un rendez-vous? Avec Alex? Au *California Dream*? C'était inespéré. Et elle pourrait même en profiter pour l'inviter à leur soirée.

Mais au moment où elle allait accepter elle se souvint qu'elle avait déjà rendez-vous le lendemain... avec Larry.

— Oh, j-je ne peux pas, bégaya-t-elle.

Vite! Elle devait trouver une excuse! N'importe quoi! Impossible de lui parler de Larry. Elle ne voulait pas qu'il se fasse de fausses idées.

— Tant pis ! dit Alex, visiblement très déçu.

— Mais on pourrait…

Elle n'avait pas achevé sa phrase que quelqu'un dévalait l'escalier et surgissait dans la pièce.

— Surprise ! s'écria Larry en écartant les bras comme s'il s'attendait à ce que Riley lui saute au cou.

— Larry ? Qu'est-ce que tu fiches ici ? s'écria-t-elle.

— Bonsoir ! Je suis sorti plus tôt de chez l'orthodontiste et Manuelo m'a dit que tu étais ici.

— Ouais…

Riley nota mentalement de rappeler à Manuelo de se montrer moins bavard avec Larry !

— Ça y est, mon appareil est réparé ! (Il le sortit de sa poche.) Vous voulez le voir ? Je l'avais cassé en jouant avec au hockey. Il a suffi de remettre un peu de colle par-dessus et c'est réparé.

— Mec, enlève cette horreur de ma vue ! protesta Saul, qui recula d'un pas.

— Larry, tu veux des chips ? intervint Sierra afin de changer de sujet.

— Non, ça va. Je suis juste venu chercher Riley. On doit travailler ensemble demain, mais autant s'y mettre tout de suite, hein ?

Riley observa Alex à la dérobée. Elle aurait voulu lui expliquer qu'il n'y avait rien entre Larry et elle. Seulement, c'était impossible de le faire sans le blesser tant qu'il était là.

Pourvu qu'Alex n'en tire aucune conclusion hâtive. Elle croisa alors son regard et comprit que le mal était fait.

Elle s'approcha de lui.

— Alex ?

Il lui tourna le dos, ramassa sa guitare et se remit à jouer.

— Allez, on reprend !

6

— Tu le crois, toi ? demanda Riley à Chloé, après lui avoir raconté ce qui s'était passé à la répétition. Je ne sais plus quoi faire, maintenant.

— Facile, tu n'as qu'à inviter Alex à la soirée.

— Comment ? Il ne me parle plus. Et il refusera puisqu'il croit que je sors avec Larry.

— Appelle-le et dis-lui que ce n'est pas vrai. Explique-lui que tu devais juste retrouver Larry pour l'exposé.

— Je n'ai plus du tout envie d'y aller, d'ailleurs. Sierra se trompe, Larry ne sera jamais un petit ami potable. Mais si jamais elle avait raison… Oh, Chloé, je ne sais plus où j'en suis. Aide-moi !

Chloé ferma les yeux.

— Voilà ce que tu vas faire. Si ta séance de travail avec Larry se passe bien, tu l'invites à la soirée.

— Mais…

Chloé l'arrêta d'un geste de la main.

— Sinon, tu le laisses tomber sans hésiter et tu appelles Alex.

— Et si Alex m'envoie balader ?

— C'est un risque à prendre ! On trouvera une solution à ce moment-là.

— D'accord. Ça me paraît être un bon plan.

Ouf ! Chloé n'aurait pas aimé être à la place de sa sœur. Ce n'était déjà pas facile avec un garçon, mais avec deux, c'était carrément l'enfer.

— Bon, il ne nous reste plus qu'à demander la permission à maman.

— Ça va être vite réglé ! marmonna Chloé tandis qu'elles descendaient au rez-de-chaussée.

Les jumelles trouvèrent leur mère allongée sur le canapé, les pieds sur le dossier, en grande conversation téléphonique avec un de ses clients.

— Maman, on voudrait te parler, chuchota Chloé.

Macy Carlson leva un doigt pour dire « Juste une seconde ».

— L'inconvénient d'avoir une mère qui travaille à la maison, bougonna Chloé, c'est qu'elle ne quitte jamais son bureau.

Leur mère était styliste. Elle avait monté une maison de couture avec leur père. Et maintenant qu'ils étaient séparés elle gérait seule cette affaire.

Soudain Macy couvrit le combiné de la main.

— Que vouliez-vous me demander ? Dépêchez-vous. J'ai un client important au bout du fil.

— On peut faire une fête ? demanda Chloé. On sera une petite trentaine.

— Bien sûr. Voyez ça avec Manuelo, répondit distraitement Macy.

Et elle reprit sa conversation.

— Wahou ! C'était facile.

— Elle n'a même pas tiqué quand tu lui as parlé de trente invités, gloussa Chloé. On aurait pu tenter quarante.

— À la vitesse à laquelle se répand la nouvelle, ça ne m'étonnerait pas qu'on soit une cinquantaine, soupira Riley.

Elles trouvèrent Manuelo à la cuisine où il coupait des mangues pour une de ses spécialités.

— Manuelo, on organise une soirée vendredi prochain, et maman nous a dit de voir ça avec toi, commença Chloé.

— Pas de problème. Que diriez-vous de sandwiches cubains et de nachos au fromage, pour une ambiance latino ? On pourrait accrocher des lanternes en papier sur la terrasse, au-dessus de la plage. Ce serait tellement romantique !

— Super ! dit Chloé. Mais comment arrives-tu à trouver autant d'idées en si peu de temps ?

— On ne m'appelle pas Speedy Manuelo pour rien !

« Cette soirée s'annonce très chaude, songea Chloé. Il ne me reste plus qu'à attirer l'attention de Travis, et donc à me faire coller. »

Elle se précipita dans sa chambre. Elle devait trouver la tenue adéquate pour le lendemain. Celle qui resterait impeccable jusqu'à la dernière heure de cours.

— Ne m'attends pas, ce soir ! annonça Chloé à Riley alors qu'elles arrivaient au lycée le lendemain matin.

— Pourquoi ?

— Parce que j'espère bien rester en retenue.

— Tu es sûre ?

— Je suis décidée. J'espère seulement que M. Connor portera un truc qui se lave facilement.

— Attends, marche moins vite, j'aperçois Alex, glissa Riley à voix basse. Il va peut-être me parler.

Chloé ralentit et les deux sœurs prirent un air détaché. Alex, assis sur les marches de l'entrée, écrivait dans un petit carnet.

— Il me regarde ? demanda Riley quand elles passèrent près de lui.

— Non, je me demande ce qu'il fait, d'ailleurs. Tiens, j'aperçois Quinn. J'y vais. À plus tard !

Les filles ne parlaient que de la soirée. Tara s'était déjà achetée une nouvelle robe.

— J'irai faire des courses ce soir, dit Chloé. Je pense avoir assez d'argent pour m'acheter la petite robe rouge en vitrine chez Babette.

— Et qu'est-ce que tu mettras comme chaussures ? dit Quinn.

Certes, c'était un problème, mais elle s'en préoccuperait quand elle aurait réussi à inviter Travis !

La cloche sonna. Amanda se précipita vers elle.

— Salut ! Si je pique du nez en histoire, donne-moi un coup de pied. Je dors debout.

— Qu'est-ce qui t'arrive ?

— Je me suis laissée prendre par une rediffusion de *Buffy* et j'ai fini mes devoirs très, très tard.

Pendant qu'elles se dirigeaient vers leur classe, Chloé remarqua qu'Amanda était coiffée comme d'habitude.

— Je trouvais que ça t'allait super bien, les nattes. Pourquoi tu n'en as pas aujourd'hui ?

— Pas le temps. Je me suis levée trop tard.

— Dommage. Je suis sûre que tu aurais eu du succès.

— On verra… un autre jour…

Chloé plongea la main dans son sac et lui tendit un tube de gloss.

— Tiens. J'aimerais que tu essaies ça. Je trouve qu'il ne me va pas. Je suis sûre qu'il fera de l'effet sur toi.

Amanda gloussa, apparemment surprise que Chloé s'occupe d'elle, et essaya le brillant à lèvres.

— Il te va bien, à toi. J'en étais sûre.

— Vraiment ?

— Oui, la couleur est parfaite. Garde-le.

— Oh, non ! Il n'y a pas de raison.

— Si, si, ça me fait plaisir.

Amanda laissa tomber le tube dans son sac, avec une expression étrange.

— Bon. Eh bien, merci. Je te verrai au déjeuner.

— Souhaite-moi bonne chance.

— Pourquoi ?

— Tu verras.

Mais lorsque l'heure du repas arriva Chloé se sentait déjà moins sûre d'elle. C'est stupide, pensa-t-elle en faisant les cent pas devant le distributeur de boissons, à l'entrée de la cafétéria.

Elle avait noté que M. Connor venait acheter chaque jour un soda au quatrième service. Elle avait décidé de lui en offrir un, elle secouerait la canette discrètement avant de la décapsuler sous son nez pour l'asperger. Il serait bien forcé de sévir.

Cependant, l'idée de salir ses vêtements la désolait.

Elle sentit ses genoux flageoler lorsque le proviseur adjoint s'approcha enfin de l'appareil.

— B-bonjour, monsieur Connor. Je peux vous offrir un soda ? proposa-t-elle avec un grand sourire.

— Non, merci, Chloé.

Elle n'avait pas prévu cela. Que faire, à présent ? Son plan tombait à l'eau.

M. Connor glissa des pièces dans la fente et appuya sur un bouton. Rien ne se passa.

— Oh, ce maudit appareil m'a encore volé mon argent !

— Attendez. Vous allez l'avoir, votre soda, je vous le garantis ! s'écria Chloé, et elle décocha un vigoureux coup de pied au distributeur.

Le proviseur adjoint la dévisagea, stupéfait. Une canette tomba avec un bruit sourd.

— Je ne te connaissais pas sous ce jour-là. Tu devrais entrer dans notre équipe de foot.

— Tenez.

Chloé ramassa la canette avant lui et, au moment de la lui donner, s'arrêta net, les yeux écarquillés.

— Oh, regardez les garçons, ils se jettent des boulettes de viande !

Le proviseur adjoint se retourna. Elle en profita pour agiter la canette.

— Où ça ? Je ne vois rien.

— Ah non, j'avais mal vu ! dit-elle en tirant de toutes ses forces sur la capsule qui lui résistait.

— Attends, je vais t'aider, dit un certain Derrick Malone qui passait par là.

Et, la prenant de court, il arracha la capsule.

Un liquide poisseux jaillit sur le visage du proviseur adjoint et le devant de son costume.

— Je suppose que vous trouvez ça drôle ! rugit-il, les cheveux collés, les lunettes dégoulinantes et la chemise trempée.

— Je n'y suis pour rien, s'écria Derrick, je vous le jure !

— Il a raison, intervint Chloé. C'est ma faute. J'ai secoué la canette.

M. Connor leva les yeux au ciel.

— Oh, je vous en prie, Chloé, vous n'imaginez pas que je vais croire qu'une bonne élève comme vous est capable de me jouer un tour pareil. Allez, Malone, dans mon bureau. Et vite ! Vous êtes collé jusqu'à la fin de la semaine !

— Monsieur, vous punissez un innocent.

— Ça suffit, Chloé !

— Mais…

Elle le regarda, atterrée, entraîner Derrick vers son bureau.

— Oh, non ! se lamenta-t-elle. C'est raté. J'ai intérêt à trouver très vite un autre plan. Et la soirée est dans quatre jours !

7

— Que tu es mignonne ! s'extasia Manuelo. C'est en quel honneur, cette superbe tenue ?

— Quoi ? Ces vieux trucs ?

Riley jeta un regard méprisant sur sa ravissante petite jupe orange et rose et le débardeur assorti.

— Vieux ? Pourtant, il y a encore le prix dessus.

— Oups ! Bon, d'accord, je me suis faite belle. J'ai rendez-vous avec Larry. Quelle heure est-il, d'ailleurs ? Il devrait être là.

— Larry. Tu veux parler du voisin ? Je croyais que tu le fuyais comme la peste.

— Ça serait beaucoup trop long à raconter, soupira-t-elle.

— Alors, bonne chance, Riley. Je dois aller faire les courses si nous ne voulons pas mourir de faim. Nous n'avons plus une seule goyave.

Riley pouffa de rire. Il était le seul de la famille à en manger.

Manuelo ouvrit la porte d'entrée. Larry se tenait sur le seuil au garde-à-vous, les bras chargés de livres.

— Larry ? Ça fait longtemps que tu es là ? s'inquiéta Riley.

— Une demi-heure. Je crois que ta sonnette est en panne.

Mais pourquoi n'avait-il pas frappé ?

— Je peux entrer ?

— Bien sûr !

Elle le laissa passer en se demandant si elle ne rêvait pas. C'était bien la première fois qu'il attendait qu'on l'invite pour entrer. Un jour, à leur retour de vacances, ils l'avaient trouvé assis sur le canapé devant la télévision, à attendre Riley. Sa mère avait trouvé ça génial parce qu'il avait nourri le poisson et arrosé les plantes en leur absence.

— Euh... on se met où ? demanda-t-il.

— Sur le canapé.

Elle avait déjà préparé des chips et des bâtons de carottes avec une sauce.

Larry attendit poliment qu'elle s'asseye puis il prit place à côté d'elle.

Jusqu'à présent, il ne lui avait pas postillonné à la figure, n'avait fait aucun faux pas, ni cassé quoi que ce soit. Il méritait un B+.

Ils entendirent Chloé et Pepper rentrer. La chienne se précipita dans la salle à manger et vint renifler les amuse-gueules.

Riley la chassa de la main.

— Non, non, Pepper, ce n'est pas pour toi.

— C'est pour nous ? s'étonna Larry.

— Oui, les études, ça ouvre l'appétit, non ?

— Génial ! J'ai bien fait d'apporter mon fromage à tartiner.

Il sortit du fromage en bombe de son sac et s'en envoya une grande giclée orange dans la gorge.

Il chuta brutalement à C+.

— Tu veux goûter ?

C– !

— Tu sais, Larry, on aurait peut-être mieux fait de travailler par téléphone, finalement.

— Oui, mais tu n'aurais pas fait la connaissance de Herbie, dit-il en faisant un signe de tête vers son sac à dos.

Alors qu'elle se demandait qui était Herbie, elle entendit un coassement.

— Larry, qu'est-ce que c'était ? Ton estomac ?

— Non, notre grenouille.

— Notre grenouille ? (Elle recula encore.) Tu veux dire, une grenouille du laboratoire ?

Il hocha la tête, plongea la main dans son sac et en sortit une petite grenouille.

Pepper se mit aussitôt à aboyer.

— Larry, c'est interdit par le règlement ! Le mien et celui du lycée !

Il lui jeta un regard blessé.

— Demain, nous allons la clouer sur une planche et la disséquer ! Tu ne crois pas qu'elle mérite de faire un peu la fête pour son dernier jour ?

Riley éclata de rire malgré elle.

— La fête ? Tu veux qu'on lui mette un peu de musique ?

— Pourquoi pas ? Du hip-hop, ça devrait lui plaire.

Riley appréciait son humour, mais pas la présence de ce batracien sous son toit. Et Pepper qui n'arrêtait pas d'aboyer !

— Larry, il faut sortir Herbie d'ici.

— Qu'est-ce que c'est ? Une grenouille ? s'écria Chloé qui venait d'entrer à son tour dans la pièce.

— Chut ! Larry l'a piquée au labo.

— Tu sais ce que ça peut te coûter, si tu te fais prendre ? C'est la colle garantie.

Riley se rua sur Larry afin de lui prendre la grenouille des mains.

— Donne-la-moi !

Il recula. Herbie en profita pour sauter sur le tapis et disparut.

— Oh, non ! hurla Riley. Elle s'échappe !

Riley, Chloé et Larry se jetèrent à quatre pattes. Pepper renifla sauvagement le tapis. Puis elle plongea le museau dans le sac du garçon.

— Hé ! Je viens de voir un truc vert sauter de ton s... commença Riley.

— Zut, elles vont toutes se sauver !

— Qui ça ? hurlèrent les deux sœurs en même temps.

— Euh, j'ai pensé qu'un petit voyage d'étude les changerait agréablement du labo, avoua Larry alors que plusieurs grenouilles bondissaient dans la salle à manger.

Riley en captura une, qui lui échappa aussitôt des mains.

— Viens ici ! Venez ! Petits, petits, petits !

— Ici, Herbie ! Allons, les filles !

— C'est idiot, commenta Riley.

Macy Carlson fit brutalement irruption dans la pièce.

— Riley ? Chloé ? Larry ? Que se passe-t-il ?

— Maman, je…

Riley s'arrêta. Que pouvait-elle lui dire ? Il y avait des grenouilles partout. Pepper les poursuivait en aboyant. Chloé hurlait. Larry essayait vainement de rattraper les petites bêtes. C'était le chaos complet !

« Qu'est-ce qui m'a prise de l'inviter ? songea Riley. C'était vraiment une idée débile ! »

Une fois le calme revenu, Riley s'empressa d'appeler Sierra.

— Je t'avais dit que ça ne marcherait jamais avec Larry. Maintenant, nous sommes envahis par les grenouilles !

— Qu'est-ce que tu racontes ?

Riley exposa la situation à Sierra.

— Quel idiot ! Comment a-t-il pu faire une bêtise pareille ?

— On les a presque toutes récupérées. Il en reste encore une qui se cache dans ma chambre. Je l'entends. Enfin, j'ai quand même de la chance, ma mère ne m'a pas punie. Mais pour Larry et moi, c'est non.

— Peut-être qu'il fait des gaffes parce qu'il veut t'impressionner.

— Je crois plutôt qu'il a une case en moins. Bon, si tu veux te faire pardonner, tu peux peut-être m'aider à inviter Alex à ma soirée. En organisant une répétition demain soir, par exemple, et en me proposant de venir ?

— Bien sûr. C'est facile. Mais tu es sûre de vouloir te débarrasser de Larry ? On ne sait jamais, si ça ne marche pas avec Alex, tu seras peut-être contente de l'avoir sous la main.

— Non. Je ne veux plus rien avoir à faire avec lui. Même pas un exposé.

Riley entendit du bruit et se retourna.

Larry se tenait juste derrière elle.

8

— Sierra, je te laisse, dit Riley. Larry est là.

— Zut !

— Ouais, à plus tard.

Riley raccrocha.

— Alors... Larry... quoi de neuf?

— Je viens juste t'apporter une petite cage. Tu pourras mettre la grenouille dedans, si tu la retrouves.

Ouf! Apparemment, il n'avait pas entendu ce qu'elle racontait.

— Merci. On dirait qu'elle est dans la salle de bains, maintenant.

Larry avança à pas de loup.

— Je la vois.

Il s'approcha avec précaution, l'attrapa délicatement, et la glissa dans sa poche.

S'il pouvait être toujours aussi calme, se dit Riley.

— Je te laisse la cage, on ne sait jamais.

— Merci.

— Et je t'ai apporté un pain au chocolat. Je l'ai posé en bas, sur la table de la cuisine.

« Qu'il est gentil ! » pensa Riley, regrettant déjà ce qu'elle venait de dire à Sierra.

— De toute façon, faut que j'y aille. Désolé d'avoir interrompu ta conversation.

— Ce n'est pas grave. Tu n'as rien entendu, j'espère ? Tu sais, c'était un secret...

— Non, rien. Parole de scout.

Il lui décocha un grand sourire.

— À demain ! lui lança-t-elle alors qu'il dévalait l'escalier.

Comment pouvait-il être aussi adorable par moments et si exaspérant à d'autres ?

N'en déplaise à Sierra, elle ne s'entendrait jamais avec lui. Point final.

— Riley, est-ce que tu te rends compte que la soirée est dans deux jours et que nous n'avons toujours pas de cavalier ? se plaignit Chloé sur le chemin de la cafétéria. Bon, d'accord, ce n'est pas indispensable, mais c'était le but, quand même !

— Je sais. On doit trouver une solution.

Rebecca s'avança vers elles.

— Comment faut-il s'habiller pour votre soirée ? Classe ou décontracté ?

— Classe, répondit Chloé.

— Décontracté, déclara simultanément Riley. Enfin, classe décontracté, finit-elle par trancher.

— Bref, on met ce qu'on veut, quoi ?

Rebecca disparut sans attendre de réponse.

— Tout le monde est prêt sauf nous, remarqua Riley.

— Oui. J'ai croisé Carrie ; elle amènera John. La plupart des filles que je connais viendront accompagnées.

— Génial !

— Aujourd'hui, c'est notre dernière chance. Si on n'a trouvé personne avant quatre heures, on sera les seules célibataires de la fête.

— Disons plutôt cinq heures. Je ne verrai pas Alex avant la répétition.

— Moi aussi, je n'aurai pas l'occasion de parler à Travis avant mon heure de retenue.

— Au fait, où en es-tu ? Tu as un autre plan ?

— Oui, je crois que j'aurai plus de succès aujourd'hui. Ne t'inquiète pas. À plus.

— Hé ! Regarde, il arrive !

— Qui ça ? Où ?

— Là-bas, s'écria Riley en lui montrant Travis qui fonçait droit sur elles. Et si tu l'invitais maintenant ?

— Comme ça ? Tu veux dire, sans me faire coller ? Sans préparer le terrain ? Sans me donner une réputation à la hauteur de la sienne ?

— Laisse tomber. Il est parti.

Chloé poussa un soupir de soulagement.

— Je le verrai en retenue, comme prévu. Souhaite-moi bonne chance !

Riley se dirigea vers la cafétéria où elle espérait croiser Alex. Elle l'aperçut en effet, assis seul dans un coin, qui griffonnait toujours fiévreusement dans son carnet noir.

Que pouvait-il bien écrire ? Elle rassemblait son courage pour l'aborder lorsqu'elle vit Larry lui faire de grands gestes.

Décidée à se montrer plus gentille avec lui, elle s'approcha de sa table.

— Riley ! J'ai acheté de quoi déjeuner. J'espère que ça va te plaire.

Riley écarquilla les yeux : sur le plateau, il y avait de quoi nourrir une équipe de base-ball !

— Larry, qu'est-ce que c'est ?

— Je me suis dit que tu mangerais peut-être avec moi, maintenant qu'on sort ensemble.

— Larry, on ne sort pas ensemble. On s'est juste donné rendez-vous une fois pour préparer un exposé. C'est tout.

— OK. Mais je dois quand même déjeuner. Pas toi ? Et comme je ne savais pas ce que tu voulais, j'ai pris de tout.

Elle soupira. De la part d'un autre, cela lui aurait paru romantique ou attendrissant. De la part de Larry, c'était juste exaspérant.

Mais elle ne voulait pas lui faire de la peine. Et elle avait faim. Sierra avait peut-être raison. Il retrouverait sans doute un comportement normal dès qu'il se détendrait.

— D'accord, mais assieds-toi. Tout le monde nous regarde.

Elle étudia le plateau, choisit un sandwich au thon et mordit dedans.

— On pourra encore travailler ensemble cet après-midi ? demanda Larry.

— Désolée, je ne peux pas. Je vais à la répétition du groupe de Sierra. Et je préférerais que tu ne me suives pas cette fois-ci...

Soudain, elle sentit qu'on l'observait. Elle regarda autour d'elle et croisa le regard d'Alex.

Oh, non ! Maintenant, il devait être persuadé qu'elle sortait vraiment avec Larry ! Riley se leva d'un bond.

— Alex !

Elle savait qu'il l'avait entendue. Mais il s'engouffra dans le hall et disparut.

9

— C'est elle ! annonça Chloé en montrant à Amanda une fille qui venait dans leur direction.

— Qui est-ce ?

— Rosalie. Une championne du racket. Elle me piquait régulièrement l'argent pour la cantine quand j'étais en CM2. Il faut que je lui parle.

— À mon avis, elle l'a déjà dépensé.

— Très drôle ! Non, je veux lui demander de m'aider pour Travis.

— Ils sont amis ?

— Non, non. Mais elle doit connaître des tuyaux pour se faire coller. Je reviens.

Chloé mit son sac sur une épaule et se dirigea lentement vers Rosalie.

Rosalie était entourée de sa bande, un groupe de cinq filles plus un punk petit et tout maigre.

Ils étaient tous habillés de jean noir et arboraient de nombreux piercings. Chloé grinça des dents en voyant la lèvre mutilée d'une des filles.

Rosalie se distinguait des autres par sa coiffure (sa chevelure était divisée en quatre parties teintes en rouge, orange, violet et bleu) et sa taille importante.

— Excuse-moi… Je peux te parler ?

Rosalie la considéra d'un œil méfiant.

— Quoi ?

— J'ai besoin d'un conseil.

— Mets moins de gloss !

La petite bande éclata de rire.

— Laisse tomber. Je ne suis pas d'humeur à plaisanter. Je peux te parler en privé ?

Rosalie haussa les épaules et montra d'un coup de menton un coin tranquille, à l'écart.

— Qu'est-ce qui t'arrive ?

— Je voudrais me faire coller.

Rosalie la toisa des pieds à la tête.

— Plutôt étonnant de la part d'une fille comme toi. Je parie qu'il y a un mec derrière tout ça.

— Oui. Et je me suis dit que tu pourrais m'aider.

Rosalie éclata de rire.

— Je le fais pas exprès, qu'est-ce que tu crois ! Bon, si je cherchais à m'attirer des ennuis, je ferais comme au collège, je racketterais un petit. Quand j'étais en sixième, c'était M. Connor le principal et, crois-moi, il ne laisse pas passer ça.

— Le problème, c'est que je ne sais même pas comment m'y prendre.

— Facile. Regarde !

Rosalie avisa deux petits nouveaux de troisième, visiblement pas très futés. Elle fit signe à sa bande de la suivre.

— Hé, les deux abrutis, dit-elle en les coinçant contre le mur, vous me devez toujours de l'argent pour le journal de la semaine dernière. Vous avez oublié ?

— Quel journal ? demanda le plus petit des deux, qui jetait autour de lui des regards angoissés.

— Le journal. Que je t'ai passé. En classe.

— Tu n'es même pas dans ma classe ! protesta le garçon d'une voix apeurée.

— Eh bien, tu m'y verras bientôt si tu ne me rembourses pas vite fait.

Chloé était stupéfaite. Elle observait Rosalie avec un mélange de crainte, d'admiration et de dégoût.

Soudain, Chloé sentit une présence derrière elles.

M. Connor abattit sa main sur l'épaule de Rosalie et la fit pivoter vers lui.

— Alors, mademoiselle Puglia. Encore en train de malmener des nouveaux pour voler l'argent de leur repas ?

— Non, attendez, intervint Chloé. C'est moi qui ai eu cette idée.

— Ne soyez pas ridicule, Chloé. Et vous, Rosalie, venez passer la fin de la pause dans mon bureau. Et vous resterez ce soir en retenue.

Rosalie foudroya Chloé du regard.

Chloé alla rejoindre Amanda, toute penaude.

— Quel succès ! dit Amanda.

— Ce n'est pas facile de s'attirer des ennuis. Il doit falloir s'y consacrer à temps complet.

— Tu crois ? J'ai pourtant comme l'impression que tu vas avoir des problèmes, mais peut-être pas ceux que tu voudrais…

— Tant que j'y suis, autant continuer.

— Où vas-tu ?

— Saccager les toilettes des filles !

Trop maniaque pour les dévaster, Chloé commença par dévider les rouleaux de papier toilette par terre. C'était tellement moche qu'elle décida d'enrubanner les sanitaires, les dessus de porte et les robinets. On aurait dit que la pièce avait été décorée pour un anniversaire. C'est alors que Jessica Chang entra. Elle se prit dans le papier et, énervée, l'arracha d'un coup sec au moment où Mlle Remington ouvrait la porte à son tour. Et ce fut Jessica qui écopa d'une heure de colle en compagnie de Travis, le soir même !

— Chloé, qu'est-ce que tu fais ? s'exclama Amanda en voyant son amie debout sur une table, à la bibliothèque.

— Je dévisse les ampoules. Je devrais bien récolter quelques heures de retenue si je plonge tout le monde dans le noir.

— Hé, qu'est-ce que tu fais, je ne vois plus rien ! protesta à mi-voix un garçon assis à la table voisine.

Chloé regarda par-dessus son épaule et reconnut Alex qui écrivait toujours dans son petit carnet noir.

— Désolée ! Mais j'ai décrété le couvre-feu !

Et elle redescendit de son perchoir.

— Alors là, pas question ! J'ai besoin de lumière, moi.

Alex, furieux, monta sur la table et revissa l'ampoule.

— Que se passe-t-il ici ? On prépare encore un mauvais coup ? s'écria M. Connor du seuil de la bibliothèque.

— Ah ! Enfin ! soupira Chloé.

— Alex, ça m'étonne de vous ! continua le proviseur adjoint. Vous me ferez une heure de colle, ce soir.

— Non, attendez ! protesta Chloé. Il n'y est pour rien. C'est moi qui ai dévissé l'ampoule !

M. Connor secoua la tête en souriant.

— Chloé, c'est très généreux de vouloir défendre tous ces fauteurs de troubles. Mais croyez-moi, vous perdez votre temps, ils ne le méritent pas.

— Non, non, je vous assure. C'est moi qu'il faut coller. C'est moi qui ai dévissé les ampoules. Je dis la vérité.

— Chloé, n'insistez pas, vous commencez à m'ennuyer. Alex, suivez-moi.

Chloé enfouit son visage entre ses mains.

— Riley va me tuer, dit-elle à Amanda. Elle espérait parler à Alex après la répétition. Et maintenant, il ne peut plus y aller. Qu'est-ce que je vais faire ?

— Tu pourrais déjà t'excuser.

— Non, je te parle de Travis ! De la retenue ! De la soirée !

Amanda réfléchit un long moment.

— Bon, je connais un moyen imparable.

— Lequel ?

— Sécher les cours.

Quoi ? Faire l'école buissonnière ? Elle, l'élève modèle du mois ?

— Excellente idée. C'est ce que je vais faire, et dès demain !

10

— Un double cappuccino, commanda Riley au serveur du *California Dream*. J'ai besoin de me remonter le moral.

— Tu espères noyer ton chagrin dans la caféine ? s'esclaffa Sierra.

— C'est ça ou une double pizza.

— Tu te mets dans un état pareil juste parce que notre répétition est annulée ?

— Oui. Comment veux-tu que j'invite Alex à ma soirée si je n'ai jamais l'occasion de lui parler ?

— Tiens, il paraît que c'est ta faute si Alex n'est pas là ! s'exclama Sierra en voyant arriver Chloé.

— Ne m'en parle pas. Pas moyen de me faire coller !

— Toi, non, mais tu arrives très bien à faire coller les autres. Y compris Alex.

— Je suis désolée. Au fait, j'attendais devant la salle d'étude en espérant voir Travis…

— Et ? demanda Riley.

— Et je l'ai raté, car il est passé juste au moment où Rosalie et sa bande arrivaient et j'ai dû me cacher. Mais j'ai vu Alex. Il écrivait dans son carnet noir.

— J'aimerais bien savoir ce qu'il y a là-dedans… murmura Riley.

— Une longue lettre d'amour destinée à une autre fille, la taquina Sierra.

— Arrête !

Sierra éclata de rire.

— Allez, on se détend. Tu as jusqu'à demain pour l'inviter, n'oublie pas. Et puis, tu pourras toujours te rabattre sur Larry.

— Oh, arrête !

— Écoute, reprit Sierra, soudain sérieuse. Si tu tiens tant à avoir Alex à ta soirée, vous n'avez qu'à inviter notre groupe.

Riley et Chloé se regardèrent. Quelle excellente idée ! Comment n'y avaient-elles pas pensé ? Surtout que le groupe de Sierra était génial. Et ça donnerait un cachet spécial à leur fête !

— Ce serait possible ? demanda Riley. En vous prévenant si tard ?

— Bien sûr. Pas de problème.

« Super ! songea Riley. Sauf qu'Alex n'aura pas de temps pour moi. »

Elle but une nouvelle gorgée de cappuccino. Ça ne lui remontait pas du tout le moral. Bon, d'accord, Alex viendrait à sa soirée. Seulement, rien ne prouvait qu'il lui adresserait la parole. Surtout s'il croyait qu'elle sortait avec Larry. Elle sourit. Jamais elle n'aurait imaginé que ses rapports avec Larry rendraient jaloux l'homme de sa vie.

— Sierra, je voudrais que tu dises à Alex que Larry et moi, on est juste copains.

Sierra fit un signe de tête vers la porte.

— Dis-lui toi-même, chuchota-t-elle. Il arrive.

Riley se retourna et aperçut Alex qui fonçait droit sur elle. Ou plutôt sur Sierra.

— On devait répéter, non ?

— Je croyais que tu étais en retenue.

— M. Connor nous a laissés partir plus tôt. Alors, on y va ?

— Impossible. Les autres ne voulaient pas répéter sans toi et ils sont partis.

— Zut !

Riley donna un coup de coude à sa sœur.

— Présente-lui tes excuses.

— Euh… Alex, je suis vraiment désolée pour l'histoire de cet après-midi, à la bibliothèque.

Alex hocha la tête, sans rien dire, visiblement contrarié. Il se dirigea vers une console de jeux et glissa quelques pièces dans la fente.

« Mince ! songea Riley. Il ignore aussi Chloé. »

— Va lui parler, murmura Sierra à son oreille.

C'était maintenant ou jamais. Riley traversa la salle en cherchant ce qu'elle allait dire.

Au même moment, la porte du café s'ouvrit et Larry entra.

— Riley ! s'écria-t-il comme si elle était la créature la plus merveilleuse de la planète, et il courut vers elle, les bras écartés.

Dans sa précipitation, il se prit le pied dans une chaise, trébucha et lui tomba dans les bras.

— Oh, Larry ! protesta-t-elle, d'une voix étouffée.

— Heureusement que tu étais là ! s'esclaffa-t-il, et il s'affala sur elle.

Elle croisa alors le regard d'Alex. Et elle sut ce qu'il pensait : qu'ils s'embrassaient.

Il sortit du *California Dream* sans même finir sa partie.

— Attends ! Ne t'en va pas !

Trop tard. Il avait disparu.

— Je suis désolé, s'excusa Larry.

— Pas grave, murmura Riley, complètement abattue.

Sans le vouloir, Larry venait de gâcher ses dernières chances.

— Tu veux boire quelque chose ? demanda-t-il en la suivant comme un petit chien.

— Non ! Fiche-moi la paix.

Le visage du garçon se décomposa. Jamais Riley ne lui avait parlé sur ce ton.

— Je suis désolé, répéta-t-il une dernière fois avant de s'en aller.

Riley s'en voulut aussitôt. Elle l'appellerait le soir pour s'excuser.

— On s'en va, dit-elle à sa sœur, j'ai des devoirs. Et il faut prévenir maman que le groupe sera à la soirée.

Chloé se leva, aussi abattue que Riley.

— Ne vous inquiétez pas, les filles, les rassura Sierra. La fête vous fera oublier tous vos malheurs. Ce sera une réussite, j'en suis sûre.

« Oui, tout le monde s'amusera, sauf nous, rumina Riley. Pourquoi la vie est-elle si compliquée ? »

— Tu pourras dire à Alex qu'il n'y a rien entre Larry et moi ? supplia-t-elle.
— Je verrai ce que je peux faire.
— Merci, Sierra.

Quand les jumelles arrivèrent chez elles, Manuelo venait de mettre au four une de ses spécialités, un gratin de pâtes aux crevettes. La maison embaumait l'ail, l'origan et le fromage.
— Oh, ça n'a pas l'air d'aller, vous deux ! s'exclama-t-il. Regardez les belles bougies que j'ai achetées !
Il y en avait toute une collection dans les tons de rose, orange et rouille, de formes et de tailles différentes. Celles qui étaient incrustées de fleurs blanches plurent particulièrement à Riley.
— Elles sont magnifiques, Manuelo. Merci.
— Et allez voir la salle à manger. J'ai changé les meubles de place pour dégager l'accès au buffet.
— Bonne idée ! acquiesça Chloé, déjà de meilleure humeur. Et il faudra trouver où installer les musiciens.
— Les musiciens ? répéta Manuelo, les sourcils froncés.

— Le groupe de mon amie Sierra, répondit Riley.

— On pourrait les mettre sur la terrasse, ajouta Chloé.

Manuelo secoua la tête.

— Il faut que j'en parle avec votre mère. Je ne sais pas si elle sera d'accord.

— Je suis sûre qu'elle acceptera. De la bonne musique, c'est l'ambiance assurée.

— Où est-elle ? demanda Chloé.

— Elle dîne dehors avec un client. Elle risque de rentrer tard.

« Tout se présente bien, pensa Riley en contemplant la pièce. Manuelo a fait un super travail. La maison est magnifique. Et la soirée sera géniale… à condition que Sierra ait pu parler à Alex. »

11

Le jour J était arrivé. Chloé se ferait coller, coûte que coûte.

— Tu es sûre que tu veux sécher avec moi ?

Amanda haussa les épaules.

— Pourquoi pas ? C'est amusant, non ? D'autant plus que mon prof de français est absent et que je ne manquerai aucun cours.

— Super ! Ça nous laisse trois heures pour faire les boutiques.

Chloé resta silencieuse un instant.

— Tu crois que Travis remarquera notre absence à la cafétéria ?

— J'espère !

Chloé s'imaginait déjà la scène.

Mais où étais-tu, à l'heure du déjeuner ? Tu m'as manqué, dirait Travis alors qu'elle rentrerait fièrement en salle de retenue.

Je n'en pouvais plus. J'avais besoin de sortir. Je ne supporte plus d'être si près de toi, tous les jours, sans qu'on soit jamais seuls.

Ne me refais jamais ça, dirait Travis en lui caressant la joue du dos de la main. *Ce n'est plus pareil sans toi...*

Ben quoi ? On peut rêver, non ?

— Chloé ? Hé, Chloé !

— Hein ?

— Où es-tu ?

— Laisse tomber. On y va ?

Elles prirent un bus qui les conduisit au centre commercial en vingt minutes.

Chloé éprouvait un mélange d'excitation et de culpabilité.

— J'espère qu'on ne va pas se faire prendre, dit-elle.

— Mais je croyais que c'était justement le but !

— Oui, sauf que je ne voudrais pas tomber sur mes parents.

Amanda jeta un regard effrayé autour d'elle.

— C'est possible ?

— Je ne sais pas. C'est la première fois que je sèche. Ça fait vraiment bizarre de se retrouver ici, en pleine journée.

— C'est vrai. J'ai manqué les cours, un jour, en sixième, et j'étais malade de peur. Je voulais m'acheter des bonbons dans une petite épicerie au coin de la rue. J'ai claqué tout l'argent de mon repas en fraises Tagada.

Chloé éclata de rire.

— Oh, tu as vu ce pantalon ! s'écria-t-elle soudain devant la vitrine de *Lala's*, une boutique très branchée qui venait d'ouvrir.

Elle passa en revue les modèles et tomba sur un pantalon en velours côtelé bordeaux puis sur un petit pull orange qui allait à merveille avec le bas. Elle choisit aussi une robe courte pour Amanda et deux pantalons en cuir, juste pour s'amuser.

— Tiens, essaie ça !

— Tu crois ?

— Je suis sûre que tu seras géniale avec. Ce pull ira bien avec tes cheveux. Tu pourrais t'habiller comme ça, demain soir.

Chloé s'assit sur un banc dans la cabine d'essayage et regarda son amie se déshabiller en se demandant pourquoi elle ne portait que des jeans. Puis elle remarqua qu'elle n'avait pas mis le gloss qu'elle lui avait offert.

Amanda se retourna afin de lui montrer le pull.

— Super ! Ça fait même ressortir tes taches de rousseur.

— Je ne crois pas que l'orange soit ma couleur.

— Bien sûr que si. Et où est ton brillant à lèvres ?

— Dans mon sac, je crois.

— Tu devrais en mettre.

Amanda marqua un temps d'hésitation, fouilla dans son sac et finit par retrouver le tube. Elle s'en passa sur les lèvres. Chloé avait raison. Elle était ravissante.

— Tu devrais acheter cet ensemble, il te va trop bien ! Attends, on va relever tes cheveux, comme l'autre jour.

— Arrête ! (Amanda recula d'un pas et la regarda droit dans les yeux.) Tu sais quoi ? Je n'ai pas envie d'une autre coiffure. Tu as raison, ces vêtements sont très jolis mais, franchement, ce n'est pas mon style. Je me plais telle que je suis. Pourquoi tiens-tu tellement à me changer ?

Chloé se sentit idiote.

— Je suis désolée. Il fallait me le dire, que tu n'aimais pas ces vêtements.

— Non, j'adore essayer de nouvelles tenues. Et je ne voulais pas te faire de peine. Sans vouloir te vexer, j'aime mon style. Enfin, je trouve qu'il me convient.

« Chapeau ! pensa Chloé. La plupart des filles se soucient plus de l'avis des autres que du leur. Mais Amanda a plutôt confiance en elle. Elle n'a besoin de l'approbation de personne. Elle est vraiment étonnante ! »

— Excuse-moi, Amanda. Je me suis emballée. Il suffit que je rentre dans un magasin pour vouloir transformer tous les mannequins !

— Ce n'est pas une mauvaise idée. Surtout qu'ils n'ont pas de tête !

Chloé regarda sa montre. Elles avaient du temps devant elles. Elle essaya deux jupes, quatre hauts, deux pantalons et un chapeau. Mais rien ne lui plut.

— Je meurs de faim, dit soudain Amanda. On brûle plus de calories à faire du shopping qu'à écouter un cours d'histoire.

Elles mangèrent un morceau en vitesse. Puis Amanda acheta une nouvelle paire de chaussures de marche et elles reprirent le chemin du lycée. Chloé quitta Amanda à la porte de derrière.

— Je te retrouve à ton casier. Moi, je passe par l'entrée principale.

— Bonne chance !

Chloé fit le tour du bâtiment et monta gaiement les marches du perron. Elle poussa la porte. Tiens, bizarre ! Il n'y avait personne.

— Ohé ? Y a quelqu'un ?

Pas de réponse. Comment était-ce possible ? Il y avait toujours un surveillant, normalement.

Elle se dirigea en soupirant vers les casiers. Elle aperçut alors un petit attroupement.

Elle venait de retrouver le surveillant. Il était avec M. Connor et… Amanda !

M. Connor fixait son amie, les deux mains sur les hanches, avec un grand sourire de satisfaction.

— Non, je ne veux rien entendre, Amanda. Je constate seulement que vous avez séché les cours.

— M-mais…

— Vous n'avez aucune excuse. Je vous attends dans mon bureau. Vous serez collée jusqu'à la fin de la semaine !

12

Chloé se rua sur le proviseur adjoint.

— Arrêtez ! C'est ma faute. C'est moi qui l'ai entraînée au centre commercial !

M. Connor secoua la tête, excédé.

— Vous savez, Chloé, vous commencez réellement à m'échauffer les oreilles. Cessez de vouloir endosser les fautes des autres. Vous ne leur rendez pas service.

— Mais je vous assure que c'est moi qui ai eu cette idée. C'est moi, l'obsédée du shopping, pas Amanda. D'ailleurs, il suffit de me regarder !

Elle tourna sur elle-même pour faire admirer le pantalon large et le petit haut moulant qu'elle portait.

— Écoutez, Chloé, nous avons surpris Amanda avec ce sac de chaussures, inutile de vous fatiguer.

Chloé se trouva à court de réponse. La cloche sonna.

— Amanda, dans mon bureau, immédiatement ! dit M. Connor. Et vous, Chloé, regagnez votre classe.

— Monsieur Connor, j'ai un contrôle d'algèbre, le supplia Amanda.

— Eh bien, vous arriverez en retard. Tant pis pour vous !

Le hall se remplissait de centaines d'élèves qui changeaient de salle. Chloé vit Travis arriver vers elles, en compagnie de Cameron.

— Amanda, ne m'en veux pas, implora-t-elle.

Amanda haussa les épaules.

— Ce n'est pas grave. Je suis sûre que M. Fiorello me laissera le temps de finir le contrôle. Je ne voudrais pas avoir un zéro…

— Ne t'inquiète pas, lui glissa Travis au passage. C'est pas méchant, les retenues. Il suffit de se mettre au fond de la salle pour être tranquille. Tu n'auras qu'à t'asseoir à côté de moi, ajouta-t-il avec un grand sourire.

— Oh, non ! gémit Chloé en les regardant partir ensemble. C'est moi qui devrais être à sa place.

Le lendemain matin, Chloé eut du mal à se lever. Elle prit sa douche, le moral à zéro. Il fallait absolument qu'elle se concentre sur le bon côté des choses : sa sœur et elle donnaient une fête le soir même et beaucoup de gens viendraient.

Hélas, la liste des mauvaises nouvelles était sensiblement plus longue.

1) Elle avait dormi à plat ventre et son oreiller lui avait laissé une grosse marque sur la joue qui tiendrait bien jusqu'à midi.
2) Tout le lycée la fuyait, comme si on risquait d'attraper des heures de colle à son simple contact.
3) Elle n'avait plus aucune occasion d'inviter Travis à sa soirée.
4) Riley était d'aussi mauvaise humeur qu'elle.

Quelle idée de passer sa semaine à vouloir se faire punir ! C'était stupide. Elle aurait mieux fait de suivre les conseils d'Amanda et de rester elle-même.

Elle sortit un jean et un T-shirt de son placard et s'habilla, sans même se regarder dans la glace. Puis elle fourra un yaourt dans son sac à dos car elle était déjà en retard.

— Hou ! Tu as l'air d'être d'une humeur massacrante, dit Quinn lorsqu'elles se rencontrèrent sur la route.

— Ça se voit tant que ça ?

Quinn la toisa des pieds à la tête.

— Il suffit de voir comment tu es habillée. Ce sweat-shirt ? Avec ce pantalon ? Et ces chaussures ? Tu plaisantes ? Enfin, on a vu pire, mais de ta part, c'est surprenant !

Chloé contempla sa tenue et poussa un cri d'horreur. Ses escarpins en lézard rouge n'allaient vraiment pas avec son sweat-shirt à capuche gris.

Quand elles approchèrent de l'entrée, Quinn s'arrêta pour laisser Chloé continuer sans elle.

— Ben quoi ? Tu ne veux pas qu'on te voie avec moi ?

— Nuance, je ne veux pas me faire coller. Désolée.

Il ne pouvait rien lui arriver de pire !

Un petit groupe d'élèves se dispersa à son approche. Tout le monde la traitait comme une pestiférée ! Elle tira la porte d'un geste brusque et pénétra dans le lycée, la mort dans l'âme. À chercher les embrouilles, elle allait se retrouver seule. Pour se donner un petit coup de fouet, elle mangea vite son yaourt.

Elle décida alors de redevenir l'élève la plus méritante du mois. Elle brandit son pot de yaourt vide et visa la poubelle.

Raté ! Il tomba à côté.

— Vous jetez vos détritus par terre, maintenant, Chloé ? s'écria le proviseur adjoint. Cela m'étonne de vous !

Chloé se retourna vers lui.

— Mais je voulais…

— Pas d'excuses. Vous avez cherché toute la semaine à vous faire coller, eh bien, voilà, vous avez gagné ! Vous viendrez me voir après les cours.

— Je ne l'ai pas fait exprès !

— Je vous ai vue. Et vous ne visiez pas la poubelle.

— Bien sûr que si. Seulement, je ne suis pas douée !

Elle s'interrompit en réalisant tout à coup qu'elle pourrait enfin voir Travis.

Elle passa le reste de la journée sur un petit nuage. Elle avait enfin obtenu ce qu'elle voulait. Rien n'était perdu. Et elle avait la conviction que Travis accepterait son invitation maintenant qu'ils avaient un point commun.

— Riley, ça y est, je suis collée ! annonça-t-elle joyeusement lorsqu'elle croisa sa sœur dans les couloirs.

— Quoi ! Avec le travail qui nous attend ce soir !

— C'est juste une heure. Tu devrais pouvoir t'en sortir sans moi, non ?

— Heureusement qu'il y a Manuelo.

Dès la fin des cours, Chloé se rua sur son casier pour prendre la tenue de rechange qu'elle y gardait en cas d'urgence. C'était une superbe jupe noire et un débardeur blanc. L'ensemble allait parfaitement avec ses chaussures rouges !

Puis elle se noua les cheveux sur le haut de la tête et monta en courant au troisième étage.

Travis sortait de la salle de retenue quand elle arriva.

Elle pila devant lui, vacilla et lui décocha un sourire éblouissant.

— Salut, Travis ! Tu sais quoi ? Je suis collée !

— Ah bon ? Eh bien, moi, c'est fini. Je pars.

— Quoi ?

— Le surveillant me fait grâce du dernier jour pour bonne conduite, annonça-t-il d'un petit air satisfait.

Pour bonne conduite ! Elle n'en croyait pas ses oreilles.

— Euh, écoute… Il y a une soirée chez moi ce soir, et… euh… ça serait sympa si tu pouvais venir.

Il la dévisagea d'un air bizarre.

— Non, je ne crois pas que ce soit une bonne idée. Tous ceux que tu approches se font coller. Et j'ai promis à mes parents d'éviter les mauvaises fréquentations.

Il s'éloigna, tête basse sous le regard ahuri de Chloé. Tous ces efforts pour rien !

13

— Quoi ? Que se passe-t-il ?

Chloé s'arrêta net, à peine franchi le seuil de la maison. Un seul coup d'œil sur le visage affolé de sa sœur avait suffi à lui faire comprendre que la situation était grave.

— Nous avons un gros problème, annonça Riley en montrant la table de la cuisine. Regarde !

Chloé contempla le vin et les verres à pied accompagnés d'un assortiment de petits fours salés.

— Mais, Manuelo, on ne peut pas boire de vin ! Maman en fera une attaque.

— Ce n'est pas pour vous. C'est pour la soirée de votre mère. Celle qu'elle prépare depuis quinze jours.

— C'est impossible ! Nous… nous avons invité…

— Il y a eu un petit malentendu.

— Lorsque nous avons parlé de notre soirée à Manuelo, il a cru qu'il s'agissait de celle de maman, expliqua Riley. Et le menu dont il nous a parlé, les bougies, c'était pour elle, pas pour nous.

— Mais que va-t-on faire ?

Manuelo haussa les épaules.

— Il faut en parler à votre mère.

Chloé et Riley montèrent en courant et attendirent impatiemment que leur mère sorte de la douche.

— Désolée, les filles, leur dit-elle quand elles eurent exposé leur problème. Il s'agit d'un dîner très important, avec de gros clients. Vous ne pouvez pas recevoir en même temps une trentaine de copains.

— Mais, maman, nous t'avions demandé ! gémit Riley.

— Je suis sincèrement désolée. Il y a eu un quiproquo. Il va falloir appeler vos amis et les décommander.

— On ne connaît pas la moitié des gens qui doivent venir ! chuchota Riley à sa sœur.

Chloé entraîna Riley vers leur chambre pour parler plus tranquillement.

— Écoute, je n'ai pas envie de tirer un trait sur la soirée. On passerait vraiment pour des cloches si on annulait au dernier moment. Et si on faisait notre fête sur la plage ?

— Impossible. Maman ne le permettra jamais. Ça ferait trop de bruit. Et puis il nous faut des prises électriques pour le groupe.

— Tu as raison…

Le téléphone l'interrompit.

— Allô ?

— Bonsoir, c'est Travis.

Chloé se redressa. Surtout ne pas dire de bêtises.

— S-salut !

— Dis, je ne connais pas ton adresse.

— M-mon adresse ?

— Oui, tu fais bien une soirée, non ?

— Euh… oui, répondit-elle, désemparée.

— Alors, c'est à quelle heure ? Et c'est où ?

— Attends. Ma soirée se passera peut-être ailleurs. Je peux te rappeler ?

— Bien sûr.

Il lui donna son numéro et raccrocha.

Chloé jeta un regard angoissé à la pendule.

— Nous devons absolument trouver une solution ! C'est la chance de ma vie !

— Une solution à quoi ? demanda une voix.

Chloé se retourna et vit Larry debout sur une échelle, derrière leur fenêtre.

— Euh, euh... bégaya-t-elle, nous avons un gros problème.

— Tais-toi ! hurla Riley.

— Mais tu ne sais même pas ce que je vais dire !

Chloé était sûre que Larry leur proposerait d'organiser la soirée chez lui. Elles ne pouvaient pas rêver mieux. Il habitait juste à côté. Mais l'air menaçant de Riley lui cloua le bec.

— Vous avez quel genre de problème ? insista Larry.

— Rien de grave, éluda Riley. Qu'est-ce que tu viens faire ici ?

— Je peux entrer ?

Riley souleva la fenêtre d'un coup et Larry, déséquilibré, tomba la tête la première sur la moquette.

— Je voulais m'excuser, dit-il en se relevant.

— De quoi ? demanda Riley.

— De tout ce que je t'ai fait. Je te suis partout comme un chien. C'est vrai, je suis nul. Et je voudrais me faire pardonner, alors demande-moi ce que tu veux.

— OK ! s'écria Chloé avant que Riley ait pu l'arrêter. Est-ce qu'on peut faire notre soirée chez toi ?

— Votre soirée ? Quelle soirée ?

Oh, non ! Riley ne l'avait pas invité et elle n'y avait pas pensé non plus. Chloé regarda fixement ses chaussures, mal à l'aise.

— Euh, nous devions faire une fête ici, ce soir… commença-t-elle.

— Ah oui ! s'écria Larry. J'en ai entendu parler au lycée. J'avais du reste l'intention d'y faire un saut.

Chloé releva la tête, Larry n'avait pas l'air fâché.

— Eh bien, le problème, c'est que nous ne pouvons pas la faire chez nous car notre mère reçoit des amis de son côté. Un malentendu, quoi ! Et je me disais…

— Bien sûr. Ça serait génial. On va aller chez moi. Je vais juste prévenir mon père. Mais il acceptera, j'en suis sûr.

— Pas question ! protesta Riley avec véhémence.

Chloé faillit s'étrangler.

— Tu veux bien qu'on en parle seule à seule ? (Elle entraîna sa sœur dans le couloir et referma la porte derrière elles.) Qu'est-ce qui te prend, tu perds la tête, ou quoi ?

— Écoute, si Larry nous dépanne, c'est parce qu'il espère que je sortirai avec lui et je ne veux pas qu'il se fasse d'illusions. Je ne me servirai pas de lui.

— Mais puisque c'est lui qui le propose !

— Non, c'est toi qui l'as supplié.

— Tu parles, il a sauté sur l'occasion ! Et il est fou de joie. Tu n'as pas vu ? Il rêve de te faire plaisir.

— Justement, c'est ça, le problème.

— Oh, allez, Riley. C'est notre dernière chance. Sinon, il faudra appeler la moitié du lycée. Et décommander Alex.

Chloé vit que sa sœur réfléchissait intensément.

— Bon, c'est d'accord, dit-elle enfin.

14

— C'est génial ! hurla Rebecca, par-dessus la musique.

— Merci, grommela Chloé, consciente de ne pas mériter ces compliments.

La soirée ne devait son succès qu'à Manuelo et à Larry.

Manuelo avait couru au dernier moment acheter des tas de quesadillas, de petits légumes crus tout préparés et de sandwiches, plus une tonne de boissons.

Quant à Larry, il avait déplacé tous les meubles de sa salle de séjour et avait aidé Chloé et Riley à décorer la maison, à l'intérieur comme à l'extérieur, avec des kilomètres de petites lumières blanches. Ils en avaient entouré l'arbre près de la porte d'entrée, la rambarde de la terrasse sur la plage et ils avaient accroché des lanternes en papier dans la salle de séjour. Le résultat était féerique.

Le groupe de Sierra était installé dans un angle du séjour et Riley, appuyée contre le chambranle de la porte, regardait Alex.

Même Travis était venu. Il portait un pantalon brillant vraiment cool avec un pull bleu moulant qui lui donnait un petit look très disco.

— Comment je l'aborde ? demanda Chloé à Amanda. C'est vrai, je ne m'attendais vraiment pas à ce qu'il vienne !

— Pourquoi ne pas rester naturelle, pour voir si ça lui plaît ? Surtout que tu as déjà essayé tout le reste, non ?

Chloé éclata de rire.

— Tu as raison.

Elle traversa le salon, en se faufilant entre les danseurs. Travis se tenait à l'écart, près du buffet.

— Salut, Travis.

— Salut. Quelle ambiance !

— Merci. Je suis contente que tu sois venu.

Il plongea son regard dans le sien.

— Moi aussi.

— Tu n'avais pas promis à tes parents de surveiller tes fréquentations ?

Il éclata de rire et Chloé remarqua pour la première fois deux petites fossettes sur sa joue gauche.

— Je plaisantais. Tu ne m'as pas cru, tout de même ?

— Eh bien... euh... j-je...

— On ne peut pas dire que tu aies ce que mes parents appellent une mauvaise influence, la taquina Travis avec un grand sourire.

« Chouette ! songea Chloé. Finalement, ça lui plaît que je sois une élève modèle. C'est donc vrai que les extrêmes s'attirent ! »

— Tu veux danser ?

Il la prit par la main et l'entraîna vers la piste sans attendre sa réponse.

Chloé ferma les yeux, folle de joie. Elle aurait voulu que la musique ne s'arrête jamais.

Riley les regardait avec admiration. Ils allaient vraiment bien ensemble.

Chloé avait renoncé à sa robe froufroutante rouge pour mettre une petite robe noire avec un collier de perles assorti au pull de Travis.

Comme s'ils l'avaient fait exprès !

— Tu n'aurais pas vu Kyle ?

Riley reconnut Lauren, l'amie de Rebecca.

— Je crois qu'il est au sous-sol.

— Super soirée ! lui lança Lauren avant de se diriger vers l'escalier.

Riley se tourna à nouveau vers le groupe. Elle trouvait Alex stupéfiant. Rien qu'à sa façon de se tenir, on sentait que c'était lui qui avait le plus d'assurance. En dehors de Sierra, bien sûr. Ils jouaient *Blue Temper*, une de ses compositions, à laquelle Marta ajoutait un petit côté techno avec son synthé. Josh n'était pas là. Riley en déduisit qu'ils avaient décidé de se passer de lui.

Larry s'approcha d'elle avec un petit air suppliant.

— Tu veux danser ?

Mon Dieu ! Ça faisait trois fois qu'il l'invitait et qu'elle refusait en lui disant « Plus tard ». Elle ne pouvait pas le repousser toute la nuit. Surtout qu'elle lui devait une fière chandelle.

Elle le suivit donc sur la piste.

La musique assourdissante rendait impossible la moindre conversation, mais le morceau était génial. Et, à la grande surprise de Riley, Larry dansait comme un dieu.

— C'était super ! lui dit-elle, une fois le morceau terminé.

— Alors on danse encore ?

Il était temps de faire une mise au point. Elle devait lui avouer la vérité. Avec ménagement, bien sûr.

— Non, merci, Larry. Tu sais, je t'aime bien, mais seulement en ami. Et pour ne rien te cacher, je crois que je suis amoureuse d'Alex.

Le visage de Larry se contracta, pourtant il n'avait pas l'air fâché. Juste peiné.

— Alex ? Tu veux dire qu'il n'y a réellement aucune chance qu'on sorte ensemble ?

— Oh, je dirais une chance sur un million.

— Ah ! Alors il y a encore de l'espoir ! s'écria-t-il, radieux.

Il devait plaisanter. Elle le dévisagea. Non, il semblait sérieux.

— Larry, nous sommes faits pour être seulement amis.

— D'accord. Enfin, qui sait ? Je crois que tu n'es pas encore prête pour moi. Tu le seras peut-être… plus tard…

Le groupe jouait depuis presque une heure et la pause approchait. Pourtant, quand le morceau se termina, Alex s'avança de nouveau vers le micro.

— Voici une chanson que j'ai écrite cette semaine, dit-il, les yeux baissés, sans regarder qui que ce soit. Elle s'intitule *Ne sais-tu pas ?*

Il ouvrit son fameux petit carnet noir et le posa devant lui, sur un tabouret.

Voilà donc ce qu'il écrivait avec tant de concentration !

Alex donna le rythme, joua les premières mesures et se mit à chanter.

Je la croise dans le couloir…
J'essaie d'accrocher son regard…
Ne sais-tu pas que j'ai besoin de toi…
Ne sais-tu pas que tu es tout pour moi…

La chanson était belle et mélodieuse. Tout le monde s'arrêta de danser pour l'écouter.

Tu me donnes envie de changer…
Tu me donnes envie de parler…
De te dire ce que je ressens…
Je t'ai cherchée si longtemps…

— Il l'a écrite en pensant à une fille, murmura une voix derrière Riley.

Elle se retourna. C'était Rebecca qui s'adressait à Lauren.

— Comment le sais-tu ?

— Ça se sent, non ?

Rebecca avait raison. Mais à qui pensait-il ?

Au même moment, Alex releva la tête et scruta la foule. Son regard s'arrêta sur Riley lorsqu'il entama le dernier couplet.

Ne sais-tu pas que c'est toi ?
Tu ne veux pas entendre ?
Ne sais-tu pas que c'est toi ?
Comment te faire comprendre ?

« Mon Dieu ! Il l'a écrite pour moi ! » réalisa soudain Riley. Son cœur battait la chamade, elle était plus amoureuse que jamais

Elle repéra Chloé et Travis qui se tenaient à l'écart, sur la terrasse. Sortiraient-ils ensemble ? Travis était-il fait pour Chloé ? Seul le temps le dirait.

Les applaudissements éclatèrent dans la salle. Le morceau était fini et Alex souriait timidement.

« Est-ce que je lui plais autant qu'il me plaît ? » se demanda Riley.

Leurs regards se soudèrent à nouveau. Elle éprouva une merveilleuse sensation de chaleur alors qu'elle lui souriait à son tour, les yeux noyés dans les siens.

Riley ne savait pas pourquoi, mais ce garçon lui inspirait confiance. Elle sentait qu'elle s'entendrait bien avec lui. Et elle mourait d'impatience de mieux le connaître.

Tu as aimé

Que la fête commence !

Alors lis vite un extrait de

Trop beau pour être vrai

le tome 3 de la série

mary-kate olsen **ashley** olsen

totalement **jumelles**

[...]

Le lundi matin, Riley entra en trombe dans les toilettes des filles. Elle y trouva Joelle Myers, Carrie Thompson et Tara Jordan qui retouchaient leur maquillage devant le miroir avant le début des cours.

— Salut, Riley ! lui lança Joelle sans se retourner.

— Salut, les filles.

Chloé se rua vers la glace, fouilla dans son sac et sortit un petit tube de *Très Rouge*. Il allait à merveille avec son débardeur cerise et son jean.

— Sierra est déjà passée ?

— Je suis là, Riley ! cria son amie en sortant d'un box où elle enfilait une paire de bottes à semelles compensées.

Ses cheveux roux flottaient sur ses épaules et elle portait un jean délavé moulant et un T-shirt brillant sur lequel était écrit *Rock Star*. Elle rangea une longue jupe plissée dans son sac à dos.

— Tu ne me croiras jamais. Ma mère veut que j'arrête la guitare pour me concentrer sur le violon. Si elle savait que je ne vis que pour la guitare et mon groupe de rock !

— Si elle savait simplement que tu joues du rock ! gloussa Riley.

Sierra avait des parents particulièrement stricts qui ne la connaissaient qu'en jeune fille sage, premier violon dans l'orchestre du lycée. Ils ignoraient totalement qu'ils étaient les seuls à l'appeler Sarah. Qu'elle jouait de la guitare basse dans un groupe de rock, les Wave. Et que chaque matin elle se précipitait aux toilettes du lycée pour enlever les tenues strictes de Sarah et se glisser dans les vêtements branchés de Sierra, qu'elle stockait dans son casier.

Riley regarda sa montre et glissa son gloss dans son sac.

— Je dois passer à mon casier avant le cours de couture. Je te retrouve là-bas.

— D'accord.

— Salut, les filles !

Elle sortit si vite des toilettes qu'elle percuta Alex Zimmer.

Le guitariste des Wave. Depuis qu'il avait interprété à leur soirée une chanson qu'il avait composée spécialement pour elle, Riley n'arrêtait pas de penser à lui. Il était si craquant, et si gentil et… et il la regardait comme s'il attendait qu'elle parle. La panique !

— Salut, dit-il enfin.

— Salut, répondit-elle avec un petit sourire crispé.

Il repoussa la mèche qui lui tombait dans les yeux.

— Ça va ?

— Très bien, bredouilla-t-elle, vexée de ne pas trouver de réponse plus originale.

— Qu'est-ce que tu as comme cours, maintenant ?

— Introduction à la couture. J'ai dû changer de matière facultative et j'ai pensé que ça serait amusant de… d'apprendre à coudre, quoi !

— Cool. (Alex remonta son sac à dos sur son épaule. Il ne la quittait pas des yeux.) Écoute. Tu as peut-être prévu autre chose… enfin, si tu veux, on pourrait se retrouver après les cours.

— D'accord !

Riley craignit d'avoir répondu avec trop de précipitation et d'enthousiasme, mais il avait l'air ravi.

— Super. Alors à tout à l'heure.

Il lui fit un petit signe de la main et se dirigea vers la salle de sciences.

Riley jubilait. Elle prit une profonde inspiration et expira longuement. Son cœur battait la chamade.

La cloche sonna. Elle courut à son casier, prit son gros livre d'algèbre puis se dépêcha de se rendre en salle 112, au cours d'initiation à la couture.

Sierra était déjà devant une machine à coudre. Riley s'avança vers elle.

— Devine ! Alex m'a donné rendez-vous ce soir.

— C'est vrai ? Je suis super contente pour toi !

— On doit se retrouver à la sortie du lycée. C'est dingue !

— Il t'a parlé de notre prochain concert ?

— Non. Quand ça ?

— Samedi prochain, au *California Dream*.

— C'est génial ! Bravo !

Riley et Sierra se tapèrent dans les mains. Au même moment, Larry Slotnick entra dans la classe. Le sourire de Riley s'effaça. Larry habitait la maison voisine de la sienne. Il avait des cheveux bruns coupés en brosse, une grande bouche au sourire idiot et un amour inconditionnel pour Riley.

— Salut ! Il n'y a personne à côté de toi ? Alors, je m'assois. (Il tira la chaise à côté d'elle.) Tu vois, Riley, le destin nous réunit, une fois de plus.

— Qu'est-ce que tu fiches ici ?

— Je veux apprendre à coudre, comme toi.

— Tu es sûr?

— Je ferais n'importe quoi pour être près de toi, répondit-il en battant des paupières.

Riley aimait bien Larry. Il était gentil, loyal, on pouvait compter sur lui, c'était vraiment un bon copain. Le problème, c'est qu'il rêvait de promenades au clair de lune avec elle, alors qu'elle n'en avait aucune envie. Sauf peut-être avec Alex. Mais c'était une autre histoire...

Une petite femme blonde s'avança sur le devant de la classe. Elle fit crisser une paire d'aiguilles à tricoter sur le tableau pour attirer l'attention des élèves. Riley reconnut le professeur de couture, Mlle Spoke.

— Bonjour, mesdemoiselles... et bonjour, Larry. Aujourd'hui, nous allons confectionner un tablier.

Riley regarda autour d'elle et constata que Larry était le seul garçon.

— Vous commencerez par choisir le tissu et le patron. Vous épinglerez ce patron sur le tissu, comme ceci, et vous découperez tout autour.

Riley se dirigea vers la grande table où étaient étalés des douzaines de tissus. Elle prit un morceau de coton blanc uni et une boîte d'épingles. Puis elle choisit un patron intitulé « modèle simple de tablier » qui lui paraissait assez facile.

De retour à sa table, elle déplia le patron, une fine feuille de papier couverte de traits et de marques, et commença à le fixer sur son tissu.

Elle surveillait en même temps Larry du coin de l'œil. Il avait l'air de savoir ce qu'il faisait. Elle le regarda, fascinée. Il épingla son tablier en moins de cinq minutes. Où avait-il appris ?

— La Terre appelle Riley ! dit Larry. Qu'est-ce que tu attends ?

— J'arrive ! J'arrive !

Sierra avait terminé, elle aussi. Elle découpa deux morceaux de jean en forme d'éclairs et les souleva fièrement.

— Ce seront les poches.

— Lorsque vous aurez fini de couper votre tablier, continua Mlle Spoke, vous pourrez le coudre. Et si vous avez besoin d'aide n'hésitez pas à m'appeler.

La salle fut bientôt remplie du ronronnement des machines à coudre. Riley finissait à peine de découper son patron. Et sa forme était assez bizarre. Ça s'arrangerait sans doute quand elle l'aurait cousu.

Elle s'installa devant une machine et la regarda fixement.

Larry se pencha vers elle.

— Il y a un problème ?

— Je ne me suis jamais servie de ce genre d'engin !

— Tu plaisantes, avec ton père et ta mère qui sont stylistes ! Tu as grandi au milieu des machines à coudre !

— Oui, et tout ce dont je me souviens, c'est mes parents qui criaient : « Ne touche pas à ça ! Tu vas te faire mal ! Attention ! »

Larry lui tapota gentiment l'épaule.

— Détends-toi. Elle ne va pas te manger. Je te montre.

Il enfila le fil dans l'aiguille et positionna le tissu.

— Hé, le couturier ! T'as oublié ton sac à main !

Larry se retourna. Deux brutes de l'équipe de foot se bidonnaient sur le pas de la porte. L'un d'eux s'empara de la corbeille à papier et la lui lança. Larry l'attrapa au vol et voulut la renvoyer mais elle tomba au milieu de la classe.

— Joli coup, Slotnick !

Les deux brutes hurlèrent de rire. Mlle Spoke leur fonça dessus.

— Pourquoi n'êtes-vous pas en classe, messieurs ?

Larry et Riley se penchèrent sur la machine.

— Je n'ai pas fini d'en entendre parler, soupira Larry. Ils vont se moquer de moi jusqu'à la fin de l'année.

— Ne te laisse pas faire.

— Pour qu'ils me réduisent en purée ?

Riley ne sut que répondre.

— Bon, allons-y, dit-elle.

La machine se mit à ronronner. Riley guida le tissu sous l'aiguille, comme elle avait vu ses parents le faire des centaines de fois.

Mais elle était incapable de piquer en ligne droite et quand elle retira le tablier de la machine il ressemblait à un vieux torchon tout froissé.

Riley voulut se plaindre à Sierra, mais celle-ci était partie à l'autre bout de la pièce chercher des chutes de tissu.

— J'ai terminé ! s'écria Larry en éteignant sa machine.

— Fais voir.

Larry lui passa son tablier par-dessus la tête. Il était orange et rose, avec un gant de cuisine accroché de chaque côté.

— Larry, c'est vraiment réussi ! s'exclama-t-elle, sidérée. Je ne savais pas que tu étais si doué.

— Moi non plus, pouffa-t-il.

Dans la même collection

mary-kate olsen **ashley** olsen

totalement **jumelles**

1. Garçons sous hypnose
2. Que la fête commence !
3. Trop beau pour être vrai
4. Juste entre nous
5. La vérité, toute la vérité !

Composition : Francisco *Compo*
61290 Longny-au-Perche

Impression réalisée sur Presse Offset par

BRODARD & TAUPIN

GROUPE CPI

La Flèche (Sarthe), le 24-02-2004
N° d'impression : 22966

Dépôt légal : janvier 2004
Suite du premier tirage : février 2004

Imprimé en France

POCKET jeunesse
12, avenue d'Italie • 75627 PARIS Cedex 13
Tél. : 01.44.16.05.00